U0932078

眾聖頌禱

郭鴻標 著

時代論壇
CHRISTIAN TIMES LTD

▼

時代論壇書系

眾聖頌禱

Prayers of the Saints

作者

郭鴻標 Kwok, Benedict H.B.

責任編輯

甄敏宜

裝幀設計

莫可雅

■

聯合出版

基道出版社
香港沙田火炭坳背灣街 26 號
富騰工業中心 1011 室
LOGOS PUBLISHERS
Unit 1011, Fo Tan Ind. Centre,
26 Au Pui Wan St., Shatin, Hong Kong
電話：(852) 2687-0331 傳真：(852) 2687-0281
網址：http://www.logos.com.hk

基督教時代論壇週報
香港九龍旺角彌敦道 602-608 號
總統商業大廈 19 樓 B 座
CHRISTIAN TIMES
Room B, 19th Floor, President Commercial Building,
602-608 Nathan Road, Mongkok, Kowloon, Hong Kong
電話：(852) 2785-7688 傳真：(852) 2785-8335
網址：http://www.christiantimes.org.hk

發行

基道出版社

承印

海洋印務有限公司

●

6/2003 初版 7/2005 二版

Cat. No. LP610-2A

ISBN-10: 962-457-236-4

ISBN-13: 978-962-457-236-0

刷次	11	10	9	8	7	6	5	4	3	2
年份	2024	2023	2022	2021	2020	2019	2018	2017	2016	2015

目錄

信心與盼望

自省及赦罪

安慰與醫治

蘇序

我在聖公宗的文化長大，對優美但適切的禱文，自然不會陌生的；作為牧者，更對寫作禱文有濃厚的興趣及體驗。我自少以公禱書為伴，當中的禱文，更塑造了我屬靈的生命，培養我的牧養心性，特別是《聖伊格那丢努力服務禱文》、《聖法蘭西斯禱文》及《感謝文》。有人以為用禱文祈禱會令人無「心」禱告，只依例唸急口令；這是一個很大的誤會，當然，一齊讀禱文的時候，我們可能有這種心態，這真的只是「心」的問題，聽禱文更容易隨時魂遊天外；如果每一次讀禱文祈禱的時候，我們能專注上帝，並以誠以敬去讀，我們就能如讀聖經一樣，聖靈會令我們有不同的感動與上帝交通，終能增長屬靈的生命及結出屬靈的果子，使我們的「心」更像基督耶穌的「心」，最終能活出基督的形象。

人是文化的產物，我們一不留神，就會將俗世的意識帶進信仰生活；現代人的心靈嚮往是「反權威」、「反傳統」、「反限制」、「關顧目前」、「重感官情緒」、「表達自我」、「隨心所欲」、不要文化、不要歷史、不要根……

等。因此，有些信徒喜歡在聖靈即時之感動中領禱，有人更鼓吹只有這種禱告才是「屬靈」或有聖靈臨在的有「心」禱告。如果我們有這種想法，我們將會墮入一個「限制聖靈作工」的陷阱，我相信聖靈在隨時禱告及禱文禱告都有不同的奇妙作為；例如：隨時禱告要多用腦去「構思」及「聽取」內容，禱文禱告反而有空間默想與聆聽，隨時禱文容易流於片面及個人化，禱文禱告常是千錘萬鍊之純真信仰；隨時禱告可將目前面對的實況交托，禱文禱告只概括生命的普遍境況……。

許多宗教心理學家都說：「有怎樣的禱告就塑造怎樣的信徒」；我們如何禱告，正表達我們屬靈生命質素及與上帝交通之屬靈果實。歷代聖賢的禱告，都代表他們在靈裏生活的結晶品，更表達他們面對生命起伏的心路歷程，也顯露以主為中心屬靈反思的成果；他們的禱文能夠流傳至今，而信徒選用時仍感覺有適切性，可以知道禱文本身之屬靈質素，可感動心靈及培育心靈，幫助許多信徒與上帝交通，也教導信徒如何禱告，塑造信徒的心靈，加添信德、愛德及望德，以感謝、喜樂及平安的心度過順境及逆境。

我很喜歡郭博士這本書，我相信他在禱告中用了許多時間及精神去寫作，在要選取哪一篇禱文，可能已經花上不少心思；為追尋各禱文之背景及歷史，更不知花上多少時間；在述古之後，更費上靈力去反省禱文對現代信徒的啟示；許多禱文集只收集及編輯禱文，但這本書的作者啟發我們如何欣賞、了解及反省禱文的內容，引導我們思想禱文與聖賢及我們的關係，更教導我們的心，如何去領會及體驗在靈裏禱告的滋味；當我拜讀作者的書後，再用書中的禱文祈禱時，我感受到有一股很強的靈力在心中產生，享受聖賢深厚的信仰操練，真的可順暢地與主有更親密的交通，掃除心中之黑暗，願意謙卑地將「心」獻上，聆聽上帝及世界的聲音，穿插於現實與屬靈世界之間，而在仰望上帝時，盼望作更好的基督徒。

作為現代信徒，我們應作「非典型」信徒，我們當然要重視聖經，也應關注傳統，向聖賢學習信仰的功課，更以理性反省聖言、傳統與當代間之關係，以信徒及先知的身分發放對生命的最適切信息或佳音，更借助聖言、傳統及體驗與上帝交通，以上帝為中心，沐浴在祂的愛中，不單向上帝感恩、讚美和代求，也教導自己的心靈歸向上帝，願意先去求祂的國和義，終能實踐上帝的旨意；這是耶穌教我們祈禱的方式。其實，主禱文可以說是最精采的禱文，不單是因為由主耶穌那裏流傳下來的，也是信仰應有的態度及層次；就讓我們多以禱文禱告，塑造自己的屬靈生命；當我們有深厚的屬靈生命，我們可以寫出很精采的禱文或唸出很適切的隨時禱文，給人帶來主賜的喜樂及平安。

我為郭博士的屬靈恩賜感謝上帝，也感謝郭博士願意獻上心靈，讓聖靈引導，寫出精采的靈修珍品，使讀者可以欣賞及體驗禱文的奧妙信仰特質，也讓我們在運用這些禱文禱告時，能有「靈觸」的感覺，體驗與上帝交通的喜悅，更有靈力實踐信仰，將榮耀歸給上帝。

蘇以葆

蕭序

創新本是一件美善的事，也反映神賜予人類生命無窮創意的潛能；但創新也可以是人自我中心的表現，只為表現自我、突出自我而創新——這也是禱告生活的試探。

禱告的本質是承認自己的無助，尋求永恆主的幫助，謙卑自己、仰望神恩。因此，人若要藉美麗的禱文、長時間的禱告、又或是充滿哲理的內容、雕琢的文字、個人獨特屬靈色彩的禱告模式，試圖憑藉這些去「賺取」神的垂顧，必然會失望而回。稅吏一句說話的禱告，蒙受主耶穌的接納。他說：「神啊，開恩可憐我這個罪人！」雖然沒有甚麼突出之處，但卻是一個人向神毫無保留地敞開自己，尋求憐憫的最真摯的一刻。這位稅吏的禱告，是用他整個生命去傳述出來：「那稅吏遠遠的站著，連舉目望天也不敢，只捶著胸說……」——他不是單用言語去禱告，而是用整個生命去禱告。

《眾聖頌禱》這書有特別的意義：它不是談到各種屬靈操練的歷史傳統，或介紹各種操練模式，它是透過介紹眾位屬靈先賢的禱文，加上對該禱告的背景介紹，讓我們接觸這些先賢的生命——從他們的禱文中，看到他們與神的關係，我們對屬靈事物的理解，他們對自己深刻的反省等。這種生命的接觸或許不會豐富了我們禱文的詞彙，卻在觸摸著我們的心，清洗著我們的靈，讓我們更可以更至誠至敬地去禱告主。

書中所列舉的禱文，所涵蓋的範圍極廣，可以是《改善世界禱文》、《為戰爭中失去親人者禱告》、也可以是《為心緒不寧者禱告》、《靜思己過》的禱文——我們今天的交通發達，無遠弗屆，但我們的心思卻多集中在自己的需要上，反觀歷代聖徒，他們的禱告反映其闊大的胸襟，關懷天父的全世界。

不少禱文也叫我們浮淺的一代感到汗顏。就如佚名寫的《屬靈爭戰禱告》中說：「求主挪去我心中的恐懼，以致我不會陷入對別人的控制中，願主賜我信心。求主除去我心中的貪念，免致我利用別人達致自己私慾和目標，願主賜我慷慨……」。恐懼與控制、貪念與利用別人等，都深刻地剖析我們內心的生命，讓我們更真實地為自己禱告，從而逃避這些深層的試探。

眾聖頌禱，禱聲如馨香的火祭，升到上帝的寶座前蒙主悅納，願神藉這書謙卑我們的靈，觸摸天父的心，也與眾聖徒獻上神所悅納的生命的禱告。

蕭壽華

作者序

《眾聖頌禱》一書收集筆者於二〇〇二年在《時代論壇》發表的文章。透過對歷代屬靈偉人禱文的反思，令我對上帝有更深的體驗，對尋覓回應時代的屬靈信息開發了新的資源。《眾聖頌禱》並非一本學術性神學著作，而卻是筆者多年神學反思引伸出來的屬靈體會。筆者衷心多謝香港聖公會西九龍教區蘇以葆主教、建道神學院代院長蕭壽華牧師惠賜序言，令我獲得鼓勵。本書的出版，實在有賴《時代論壇》及基道出版社的同工加工潤飾，並加上默想部分，讓讀者獲得更大裨益。

回顧個人屬靈生命成長的歷史，我在敬虔主義的薰陶下成長，接受學術化的神學訓練，感染大公教會崇拜禮儀的莊嚴神聖，研究德國神學家的思想，開始對羅馬天主教、東正教、更正教普世教會神學對話的興趣，在福音派神學院經歷屬靈生命的更新，欣賞當代福音派神學家的學術成果。這些體驗塑造我對歷代屬靈偉人帶著批判地欣賞的情懷。對於熱愛教會崇拜禮儀傳統的兄姊來說，禱告必須有固定的格式，承繼教會傳統。筆者在欣賞教會傳統的同時，亦渴望經歷神人相遇的真實。對於崇尚自由禱告的兄姊來説，禱告最重要的是心靈與誠實，一切形式、傳統、禮儀都無關重要。筆者欣賞如火熾熱般的禱告，卻提醒自己不要輕忽先賢的屬靈遺產。筆者學習以禱告的心從事神學思考，同時以欣賞別人的態度從先哲前賢的禱告生活中學習自我反省，謙卑地認識自己的本相、讚歎上帝的偉大、為主耶穌基督的福音忠心作見證。筆者感謝上帝，能夠在禮儀傳統及福音派佈道熱誠兩者之間互相印證、在批判的神學研究與敬虔生命中作出平衡。

在筆者人生旅程中，曾經有不少前輩同道提攜鼓勵，其中聖公會聖馬可堂主任李守正法政牧師對我的影響深遠；若果不是在聖馬可堂的日子獲得激勵勉力完成神道學士學位，亦不會出現繼續進修的勇氣。筆者資質平庸，能夠獲得德國海外學術交流計劃頒發的獎學金完成神學博士學位，見證上帝奇妙的作為。雖然上帝帶領筆者在其他工場事奉，可是我們一家沒有忘記當年主內的恩情，為表達筆者的敬意，誠意將這本小作獻與李守正法政牧師與聖馬可堂眾兄姊。

郭鴻標

追求成長

祈求德性成長禱文

智慧之后，願神保守妳及妳的姊妹神聖純潔樸實。神聖的貧窮小姐，願主拯救妳及妳的姊妹謙虛。神聖的慈善小姐，願主拯救妳及妳的姊妹服從。那所有最聖潔的德行，願主從妳們所出至所往之處拯救妳們。

——聖法蘭西斯，《祈求德性成長禱文》

禱文導賞

聖法蘭西斯這篇《祈求德性成長禱文》，以擬人化的手法描寫智慧、樸實、貧窮、慈善和服從等陰性詞彙來形容這些聖潔的德行。有趣的是他並非純粹序列這六種德行，而是分三組，每組以兩種德行的結構來進行介紹。基本上所有德行都是互為姊妹的，但是兩類一組的結構亦頗值得我們注意。

解說意義

首先，智慧與樸實為一組。究竟兩者有甚麼關係呢?

一個有智慧的人，是否也是一個生活簡樸的人呢？聖法蘭西斯看來正有此意。一個生活簡樸的人，其起居飲食都止於以最簡單的方法滿足基本需要的原則之下。當一個人習慣了簡樸的生活，便最能夠把握甚麼是生命中最重要和不能缺少的東西。正如一個接受野外定向訓練的人，他只會帶備必需品，而不會帶太多隨身行李。同樣，一個走屬靈旅程的天路客也是以最簡單的方式過生活。懂得簡單生活的人比較容易明白世上有很多事情——例如名譽、權力、財富——並非我們必定要追求的。或許生活愈簡單，我們的心思亦會變得愈集中、愈有清楚的焦點。筆者一家住在長洲，平日絕少應酬，晚上亦甚少外出用膳，跟很多「無飯」家庭的體驗不同。這種日出而作，日入而息的生活，令我們漸漸學習「別無他求」的道理。

至於貧窮與謙虛兩者有何關係，這實在不容易揣摩。貧窮往往令人感到自卑、無用，極端的反應是憤世疾俗。若果一個貧窮的人能夠有尊嚴地生活，不鄙視自己，以謙卑的態度與不同階層的人相處合作，那麼他就是一個尊重神、尊重自己的人。一個懂得尊重神、尊重自己的人，自然不會因為自己貧窮而自卑自憐，反而可以安然地生活、努力工作，盡上應有的責任。

慈善與服從兩者的關係十分微妙。一個樂於助人的人，其內心必然是善良的，他那敏銳的良知會指導他如何生活。既然行善的人內心已有善的規律管理他，又何必要學習服從呢？對於聖法蘭西斯來説，修道士必須絕對服從修院院長。聖法蘭西斯本著傳統修道精神加上慈惠的服務，開創方濟各修會(或譯聖法蘭西斯修會)。將掌權者加諸我們身上的決定視為上帝的旨意，是完全順服上帝的表現之一。一個樂善好施的人可以基於非常自我的出發點去幫助別人；但一個甘於順服的人服務他人，卻不會以自己的益處、自己的名譽為前提。

縱觀聖法蘭西斯這篇《祈求德性成長禱文》，他教導我們祈求在簡樸生活中獲得智慧、在貧窮中謙卑為人、在行善中服從有權柄者。雖然我們未必喜愛修士式的生活，可是以上六種屬靈的德行十分值得我們渴慕，就讓我們在這個繁忙、急速、競爭激烈的社會中體驗信仰的真實。

默想問題

1. *樸實無華的平淡生活能否幫助我們領略人生的智慧呢？若是有所裨益的話，我們該如何面對這些挑戰？*
2. *你擁有的是甚麼？財富、名譽、地位、成就，這一切都是轉瞬即逝的，除此以外，你還有甚麼？求主幫助我看到自己生命的實況，更加謙卑自己，尋找生命的意義。*
3. *今天你所行的善行，是出於自我中心還是順服上帝兼愛眾生的命令？如何才能將出於自我中心的善行轉化為順服上帝的行動？*

敬畏求知禱文

主啊，天上的父，在祢充滿光明與智慧，藉祢的聖靈光照我們的理智，賜我們恩典在敬畏與謙卑中領受聖道。若果沒有敬畏與謙卑，無人能明白祢的真理。藉基督的緣故祈求，阿們。

—— 約翰．加爾文，《敬畏求知禱文》

背景資料

約翰．加爾文（1509 -1564），偉大的宗教改革者，在瑞士日內瓦（Geneva）推動宗教改革，並且著書立說。《基督教要義》可說是其經典之作，既有高深的神學成分，亦有深度的屬靈反省。加爾文認為人對神的認識，並非單是一些資訊或數據，而是一種生命關係的知識。這種對神的認識可說是一種智慧的洞見，是從神而來的感通，是一種心靈的體驗。

解說意義

認識神學與認識神可以是兩回事。認識神學，是指學懂基督教的信條、神學語言、神學推理，這可説是信仰觀念整理的活動。認識神是一種由信心開始進入與神心領神會的境界。當然，認識神與認識神學本身不必存在矛盾對立的關係。認識神更深會幫助我們更準確地進行神學思考。同樣，認識神學更深可以幫助我們辨別我們的信仰體驗是否個人的一廂情願，還是確實由神而來的體驗。

作為基督徒，我們要追求認識神，亦要同時追求神學知識的增長。究竟我們應該用甚麼方法吸收神學知識呢？約翰・加爾文的《敬畏求知禱文》提醒我們要以敬畏與謙卑的心求知。知識本是中性，當人心存驕傲，自以為是，知識的增長便會使人失去對自我限制的意識，自高自大，高談闊論關於神的觀念，卻對神沒有絲毫的畏懼。這樣的神學知識增長只會對人的屬靈生命產生損害。相反，當我們存著敬畏與謙卑的心，祈求神的聖靈光照我們的理智，讓我們從聖道中領受真理，這樣的神學知識增長與神人關係的密切程度形成正比，使人對神認識更深。

屬靈生命成長不應該反理智，亦不應過分高舉理智。理智本來是神所賜的禮物，因此人要好好思考神的事情正是神創造計劃的一部分。究竟我們如何思考神的事情呢？加爾文的《敬畏求知禱文》教導我們以敬畏與謙卑的心思考神的事情。若果我們常存敬虔的心思考神的事情，我們在神學知識上的增長便與認識神的靈性成長自然形成正比，互相配合，認識神學與認識神便二合為一了。

最近有位前輩分享他曾經發表一篇約一千字的短文，在枝節部分引進宗教哲學的觀念。事後有同道撰文洋洋數千字針對那觀念作討論，並列出書目建議讀者參考。本來學術討論應該以批判性思考為前類，以求真知為理想。不過批判性的對話亦應該在討論學術的場合進行，而不是在一篇短文中要求對方交代所有觀念、處理所有問題。從事學術研究需要在作出回應及發表個人獨到見解之前，先了解清楚對方的意見、前設、邏輯推理過程、論證步驟、結論等是否言之成理。現時華人神學教育漸漸普及化，弟兄姊妹對複雜的神學觀念亦有更深的認識，討論交流的氣氛比以前熱烈得多。可是我們需要學習正確理解的方法，千萬不要斷章取義、扭曲原意、以偏概全、針對枝節問題大造文章。做學問要敢於挑戰權威、大膽假設小心求證。可是學海無涯，作為基督徒，我們的理想是成為敬虔的學者，既追求神學知識又追求認識神，以敬畏及謙卑的心求知，亦以此心待人接物。加爾文的《敬畏求知禱文》提醒我們在追尋神學知識增長的同時，要以敬畏神的心出發。

默想問題

1. 有沒有甚麼知識是叫你驕傲的？

2. 內在的驕傲是否阻礙你更進一步認識真道？

3. *你與人討論時，是意氣之爭、口舌便給，還是真誠謙虛地探討事理的真象？*
4. *若沒有敬畏和謙卑，便不能明白上帝的真道，你認同嗎？*

持續追尋禱文

主啊，讓我們開始對祢追尋後不致半途放棄。當我們在腦海中只剩下對祢簡單、零碎的意念，甚至身處在不知之雲之中，願祢幫助我們在漫長的黑暗旅程中有忍耐，深知道對祢的愛和追尋會驅使我們繼續前進。

——佚名，《不知之雲》

（內容經筆者整理）

解說意義

最近與一些進修神學的弟兄姊妹分享，他們表示在讀神學的過程中，舊有的信仰理解被拆毀，新的解釋尚未完全建立，內心感覺有點無所適從。其實學習往往有破舊立新的過程，一般來說，學習是由已知到未知的領域。當然這是正確的描述。從資料數據的累積來說，我們確實是不斷擴闊視野，由近至遠。可是從深度的角度來看，一個人由幼稚園、小學、中學、大學不同階段的學習都有不同的思考方法。當人的獨立思考能力提高後，就未必會對老師、書本的觀點照單全收。另外，在解釋一些現象時，不同程度的階段亦會有不同的解釋方法，例如學習數學會由具體的運算變得抽象化，甚至一加一可以不是等於二。學習不單是同一水平面的資訊數據的增加，同時是學習者本身的學習模式、思考方法的提升。這種學習方法的提升好比電腦的處理器及記憶體的功能與容量不斷增加，使電腦更快更有效地處理更複雜的問題。

一般信徒未必了解神學生的心路歷程。信徒在充滿挑戰及衝擊的現實社會中，期望在相對及多元化的價值中找到絕對的真理和絕對的標準。因此，信徒渴求明確的答案，希望被肯定。可是當我們開始反省信仰的時候，不是填鴨式的將一堆堆的神學理念填滿腦袋，而是反思自己以往對某些課題的信仰解釋是否有足夠理據，是否合符聖經及神學的基礎。很多神學生經歷這種將自己的觀念作反覆檢查及考證的過程，感到十分困難。原因是我們既要肯定自己的信仰經歷，另一方面又要客觀地理構出一些合理化的原因來。

回想筆者讀神學的時候，亦經歷這段思想上被改造的過程。筆者眼見有同道厭倦了理性的反思，索性放棄尋根究柢的學習方式，沉醉在感性及既定的「互相造就」、「彼此肯定」的團契中。其實人對神的追尋，總會有機會陷在不知之雲的煙霧裏。《持續追尋禱文》鼓勵我們不要半途而廢，縱使我們對神的把握只剩下一點點零碎的觀念，我們也不應該灰心。因為我們所追尋的乃真理的主，祂的真光必定會照亮我們的黑暗。

有人會説，愛就是愛，不需要解釋。這種浪漫式的心態給人一種信息——愛是非理性的。不過，當我們結婚以後，會發現若果欠缺不斷反思愛的真諦，夫妻的關係會變得平淡。愛需要回憶來滋潤，愛需要理性來規範；若果單憑感覺，難以維持長久的婚姻。沒有反思的愛，內容會變得單薄。

同樣，人神間的愛亦不能逃避理性的反思。問題是在接受神學訓練的時候，我們很多時都未必能找到平衡點。當我們的心理狀態未能承擔理性的檢查時，很容易會產生退縮、逃避的反應。可是信心的根基並非在我們對信仰的解釋上，而是在那位真理的主身上。若果我們在尋道的過程中，在反思上停步，可能會局限神提升我們的屬靈眼光，以致我們的靈命不能進深。

《持續追尋禱文》鼓勵我們在思想上開往水深之處，憑信心踏出信仰反思的第一步，對自己的信仰理解作多一些「為甚麼」的反省，縱使我們未必能即時找到答案，甚至在思想上感到困惑，但是真理的主必定會指教我們在迷霧中看見亮光。

活的信仰是有血有淚的，不是在溫室中受保護的。同樣，信心亦是有冒險的成分，當然單憑自己不著邊際地作信仰反思是危險的，不過神學院豈不是有很多課程幫助弟兄姊妹嗎？

默想問題

1. *你有沒有勇於接受理性挑戰的膽量？為甚麼？*
2. *「愛就是愛，不需要解釋！」你同不同意這句說話？*
3. *你認為理性的反思能不能提升我們的屬靈眼光，改善我們與上帝的關係？*

聆聽主聲禱文

主啊，請説，僕人敬聽，傾心於祢的説話，讓祢的説話臨到我，就如朝露滴在草場之上。……請寬恕我，若我聽見祢的聲音，卻沒有跟從，知道卻不愛慕，相信卻不實行。主啊，請説，僕人敬聽，因祢有永生之道，請祢向我説話，安慰我的靈魂，改變我整個生命，對祢獻上頌讚，歸榮於祢，直到永遠，阿們。

——多瑪斯·金碧士，《聆聽主聲禱文》

（禱文經筆者稍加修飾）

背景資料

多瑪斯·金碧士，原名多瑪斯·希瑪勤（Thomas Hemerken），於一三八〇年德國科隆附近的金朋（Kempen）出生。就學期間，在深受「現代靈修」（modern devotion）運動影響的學校成長；此運動著重歸信、實踐聖潔生活、默想基督的生平及受死等。一三九九年，金碧士正式加入其中一個附屬團體，在這群重視屬靈生命成長的同道影響下，他寫了《效法基督》(*Imitation of Christ*)這部靈修經典。

解說意義

將金碧士的經歷與《聆聽主聲禱文》互相參照，更加令我們感受他那種對神的真誠。對現代人來說，穩定的工作、穩定的社會、穩定的國際政治環境是我們所渴望的。沒有穩定的環境，我們無法安心推展心中的理想和計劃。因此，我們努力鋪平面前的道路，務求心中的願望能順利實現。對於非基督徒來說，這種思維方式十分自然，亦非常合理；可是對於基督徒來說，這卻不是最基本的思考起點。很多時候，我們已經作好分析、計劃、評估，有了一份完整的計劃書，然後才向神禱告，願祂成就。我們所構思的那個有系統、完整且全面的計劃，是不是首先從神的心意出發，然後用信心和倚靠來落實？還是我們已經作主，然後按例行手續要求上帝認可？

當筆者在漢堡的時候，曾參加一間國際教會，該教會借用德國教會的地方作為會址。由於地點並不就近英語人士聚居的住宅區，加上副堂需要維修，沒有舉行兒童主日學的地方，有些英語信徒建議另覓地方聚會。本來這意見十分值得考慮，而且亦有進展。不過在過程中，有人提出很多基本程序、日後財政承擔等問題。當這些重要問題浮現時，推動另找聚會點的弟兄姊妹卻對提問者作出屬靈上的裁決，情況變得十分複雜。相繼有定居多年、操流俐德語的執事會成員進行獨立訪問及調查，分析漢堡英語教會的情況及經驗，並發出公開信提醒弟兄姊妹要冷靜處理問題。結果，提出另覓地方的人加強游説。隱藏在冰山底下的問題在那時浮現出來。筆者從旁觀察，只覺得是那些不懂德語的美國人被調到漢堡工作，他們不知道自己的任期會有多久，自然不會考慮融入當地社區，亦不會考慮應該如何在異邦建立國際教會，所以難免會以過分簡單的方法來解決問題。筆者本來不願介入，只是心裏想到「有福同享，有難同當」的道理，既然德國教會無條件借出地方，她們的副堂需要維修，為何我們不協助籌款，反而計劃另立門戶呢？最令筆者難受的，是圖謀大計的那些美國兄姊只會以「一切在控制底下」(everything under control)為前提，極力影響投票結果。可是，當人的圖謀不是由單純榮耀神的動機出發，不願意讓神修正我們的心思時，結果是神讓眾人看清楚那些隱而未現、不可告人的事，終於在最重要的表決中以大比數否決遷址的建議。

當我默想金碧士這篇禱文的時候，我懷著戰競的心情，鼓勵各位同道學習聆聽上帝的聲音，以虔誠的心迎接上帝的修正，免致在生活上抬高自我、利用上帝。

默想問題

1. *當我們作出重要決定的時候，我們是否誠懇地尋求上帝的心意，開放自己聆聽上帝的聲音呢？*
2. *我們是否以操控的手法在教會裏事奉、甚至濫用聖經的説話對異見兄姊作出屬靈的裁決，卻不懂得坦誠對話、同心尋求聖靈的引導？*

親近上帝禱文

天父上帝，我感覺向祢祈求太多事情，但祢仍然垂聽我們的祈求。在我們的眾多祈求背後是對神的渴望。主啊，我渴望祢比一切要深。若果神拒絕我其他的祈求，我仍然可以生存。父啊，我深願渴望得著祢。

——佚名，《親近上帝禱文》

解說意義

《親近上帝禱文》提醒我們校正祈禱的內容。很多時候，我們說「多禱告，多有力量；少禱告，少有力量；不禱告，沒有力量。」這是很好的教導，不過究竟我們應該多為甚麼事情禱告呢？為個人的名譽、地位、權力、財富……，還是為我們更加接近上帝，更加培養基督的生命，更加有能力在教會中事奉，更加有勇氣和智慧在社會中見證上帝……。我們不能將禱告視為開列賬單，要求上帝清付。我們必須學習以「無求」的態度去禱告。「無求」並不表示苟且不負責任。「無求」是指無慾無求，不必為自己張羅，隨時隨地以感恩的心親近上帝。反之，當我們過分執著，硬要上帝像「亞拉丁神燈」般受我們差役，我們就不是在禱告，而是在指揮上帝。

《親近上帝禱文》教導我們要抓緊最重要的一項祈求——就是得著神自己；換句話說，是我們被神得著。得著神自己比名成利就更加重要，因為名利財富都是身外物，是過眼雲煙的東西，上帝卻是我們生命的根基，是我們內心長久所渴慕、所尋索的那一位。人生最悲哀的就是用一些不真實的東西作自我肯定的方法，例如學位、職位、財富、名譽……等，結果人最終也無法肯定自己的價值。因為在我們以外，有很多人比我們優越，所謂「一山還有一山高」。當人要用這些虛幻的東西來確立自己的價值時，只會陷入失望與沮喪之中。究竟甚麼是最終的價值、最能持久不變的呢？答案是那位超越一切，又能夠與人感通的上帝。

《親近上帝禱文》提醒我們千萬不要本末倒置，只求上帝的祝福而忘記上帝。我們的禱告不一定向上帝列出一大堆的訴求，亦可以是一串串的感謝讚美，讓我們時刻沉浸在與神的屬靈交通裏。筆者認為反理性的靈命塑造觀念是一種偏見，不過亦不同意在反對神祕主義那種虛無飄渺甚至主觀的經驗底下，完全否定屬靈經歷有非常個人及神契成分。筆者開始嘗試在更正教神學的框架，特別是加爾文的「救恩秩序」(order of salvation)框架底下，處理保羅神學中信徒「在基督裏」(in Christ)及「與基督聯合」(union with Christ)的觀念，亦在成聖論部分進行普世教會神學對話，分析羅馬天主教、東正教、更正教中路德、加爾文、衛斯理、五旬宗等對成聖的了解。

默想問題

1. *當你祈禱時，你能否在過程中全然享受著與神同在的甘美？還是只是把一個祈求清單交給神？*
2. *除了每天靈修外，嘗試每週抽出一些時間去淨化自己的心靈，讓健康的心靈毫無阻隔地與神有親密的接觸。*

進入平凡生命

主啊！求祢賜我勇氣及愛的力量開啟心門，讓祢進入，無論祢毫不客氣地闖進，甚至在我認定祢是賓客以前，願祢進入我平凡的生命。求主將祢的聖手按在一切普通的事情上，祝福並改造我的生命，將我有限的資源聖化，並在我的生命中賜下祢自己。阿們。

——艾芙蓮．恩特曉，《進入平凡生命》

背景資料

艾芙蓮．恩特曉（Evelyn Underhill，1875 -1941），英國文學作家，神契主義者，注重在日常生活中體驗上帝的真實。她享受教會莊嚴的崇拜及樂於服侍貧苦的人。她認為神契經驗乃一種充滿愛及臨濟人間的實用知識，這種知識並非理性的推敲，而是感性的直覺。她作為學者，沒有反理智的傾向，但著重在生活中親近上主。

解說意義

恩特曉的《進入平凡生命》禱文，提醒我們在日常生活上，都可以發現神的工作。人的生活大概可以分為工作及家庭兩部分。現時一般香港人每天工作約十小時，若果將加班及接受培訓的時間計算在內，平均每天工作極可能超過十四小時。既然工作及有關的活動佔據逾半的時間，我們究竟有沒有在職場裏經歷神的同在呢？有弟兄姊妹認為自己只是一個普通人，工作平平無奇，從來沒有想過自己在工作上可以為神做甚麼。其實，不管我們是誰，只要樂意打開心門，讓神進入我們的生命，使我們平凡的生命成為神的工具，我們就會經歷神同在的真實。

記得在德國的時候，我深深感覺自己是徹頭徹尾的小人物，因此在家裏常常以「我是小人物」自居。有一次，有人問及我的姓名，小女就隨口回答：「我爸爸是小人物。」其實世界上並不是所有人都是偉大、成就傑出的；絕大部分的人都是普通人、平凡人。究竟一個平平無奇的普通人怎樣可以經歷神的真實呢？原來答案很簡單，就是在日常生活裏體驗神默默的保守。

神契主義者恩特曉的《進入平凡生命》禱文，重點並非將屬靈經驗神祕化，反而是鼓勵人在日常生活中體驗主的臨在。既然世界是上帝所創造，我們也是上帝創造的了。因此在我們的生活經驗裏面，自然可以發現一些痕跡，顯示出神是掌管世界的主。縱使在我這個平凡的普通人身上，亦有神獨特的旨意。神未必需要我們以屬於其他人的方式實現人生意義，但是神樂意將我們有限的生命聖化，成為祂的工具。或許神就是藉著我們每天規律的工作去配合其他的因素，實現祂的旨意。

筆者認為恩特曉的《進入平凡生命》禱文，正好提醒我們重視神契經驗，不一定單單著重對超自然屬靈體會的追求，亦可以集中在日常生活中體驗靈性的成長。我們不必否定信仰有個人神契的層面。保羅提出「在基督裏」的觀念，耶穌基督所謂「葡萄樹與枝子」的關係都是心靈與心靈間的默契關係。從教會歷史的角度來看，神契主義確實有其貢獻，這是無可否認的事實。可是過分神祕的靈命成長觀念會令人無法捉摸，亦無法印證。同時過分推崇直覺、感受，亦會有盲目的危險。因此，抱著批判的欣賞態度看待神契主義是十分重要的。

神契經驗不一定是超塵絕俗的神祕經驗，亦可以在日常的瑣事中經歷愛的力量，在平凡的例行工作中感受神與我一起完成每日的責任。回歸平凡亦可以是一種靈命進修的方法。恩特曉的《進入平凡生命》禱文確實對我們有提醒作用。

默想問題

1. 你能在日常生活中發現上帝的工作嗎？
2. 上帝會不會進入你平平無奇的生活，與你共度每刻每天？
3. 我們有沒有一些時候是不讓上帝進入我們生命的呢？哪些是甚麼時候？

靈修寶庫禱文

主耶穌，謙卑的樣式，曾經將祢的榮耀倒空，取了僕人的形象，將我們心中的驕傲及自大取去，使我們認清自己乃罪人，讓我們願意為主受苦，歸榮耀與祢，而不是抬舉自己。願神的名得著讚美，祢的慈愛，祢的信實長存。

——佚名，《靈修寶庫禱文》

解說意義

最近有前輩分享基督徒生命成長的式樣（pattern）的課題，令筆者再次思想靈命與心理成長間的關係。踏入中年，父母年事日高，子女亦開始成長，中年人承擔著對上一代及下一代的責任。隨著親人的離世，死亡成為一個更加現實的題目。中年人在世上走了半生的路程，事業的發展亦開始預見頂峰，甚至感到走下坡的日期將要臨近。中年人在心理上同樣面對成長的危機。

有人建議中年人學習「放手」（let go）的功課，學習將人生的遺憾交給上帝。其實，中年人最難接受自己的局限，特別是尚差一步就達到目標所帶來的失落。因此，很多人都不會覺得自己成功，只會有失敗感、挫折感。其實人空空而來，亦空空而去，在世的日子都是在神的恩典下實現天賦的才能。基督徒量度一個人成功與失敗的標準在於能否按照神的眼光看自己的人生。

最近有消息報道，有著名見證者在個人履歷上沒有澄清錯誤的資料。從當事人的回應發現其內心的無奈，心裏覺得有足夠能力，但卻沒有獲得認可資格，加上親人的痛苦經歷，實在令人同情。可是我們經歷主的拯救，心靈獲得釋放，就不必介懷是否擁有甚麼世上的名位。主耶穌亦不是以成功卓越的形象向世人見證天父的真實。歷代聖賢留下我們作見證的榜樣，是集中講述神如何使我知罪悔改，如何克服驕傲自大。我們事奉神是為了歸榮耀予神，而不是實現自己，滿足自己的心理需要。因此，我們首先要在禱告上對準神的心意，以基督為中心，以耶穌基督十字架作為信息的核心。若果我們心靈尚未獲得治療，我們的見證、事奉只不過是以自我中心出發的一些自我肯定而已。

可惜，不少人在禱告上還未有足夠操練，便憑著自我的意思服侍神，結果經歷神的管教。話説回來，教會豈不是更要反省嗎？為甚麼我們總是要找成功人士作見證呢？為甚麼一個平凡人不能成為神見證的出口呢？難道我們要將信徒分等級嗎？其實，我們有責任作教會的守望者，慎思明辨。若果作見證的人總是述說自己的「威水史」，便在高舉神的名、頌讚神的恩典上不合比例，我們有責任教導信徒正確的屬靈功課，同時亦要提醒那些作見證的兄姊小心自己的言語。

事奉神的人若果不懂得謙卑，不緊記自己乃蒙恩的罪人，以為靠自己事奉神，結果累己累人。《靈修寶庫禱文》正好成為我們及時的禱文，教導我們在神面前謙卑，不抬舉自己，以榮耀神作為我們人生的目標，讓我們的有限、缺乏，成為神施恩的工具，見證神的偉大。

《靈修寶庫禱文》教導我們不要抬舉自己，總要緊記我們所得到的成就都是神的恩賜，而不是個人的才能與眾不同。試問我們有甚麼不是領受得來的呢？在腦海中閃過的靈感，也是從上而來的禮物；複雜的如完成某個學位或專業考試，都是神的恩典承托著一切。那麼人還有甚麼可誇耀的呢？主耶穌基督留下僕人的榜樣，呼召我們學習以僕人的心態事奉神。因此，講見證、主持崇拜、領唱、講道、負責主日學、帶領團契或查經班……，都是一種僕人的服侍。若果我們忘記參與這些事奉，並非代表自己，而是代表神而行，我們尚未學懂謙卑服侍的道理。若果我們參與事奉，不懂得自我節制，主客不分，抬舉自己，結果會被屬靈上的驕傲及自大所蒙蔽。《靈修寶庫禱文》對我們的提醒，十分值得我們細心反省。

默想問題

1. 甚麼是你的限制？你怎樣看待這些局限？

2. 我們應怎樣去服侍？禱文提醒我們，基督是怎樣服侍我們的？

3. 今天我們所行所說的，是高舉上帝還是抬舉自己？

追求美善與真理禱文

上帝啊，祢藉著聖靈在我們的心靈中，泛起對祢的完美渴求，尋找祢的真理並在祢的榮美中歡樂、照亮及啟蒙我們，以致思想家、作家、藝術家、工匠都在真實、單純及可愛中尋索祢，願祢的名被彰顯、祢的國度降臨世間，藉我們主耶穌基督而求。

——安瑟倫，《追求美善與真理禱文》

背景資料

安瑟倫（Anselm，1033 -1109）生於意大利，深受母親的宗教薰陶，自幼受本篤會修士教育，一〇五六年（廿三歲）往諾曼第本篤修院受訓，廿七歲成為修士，一〇六三年（三十歲）成為修院副院長。他善於思考、寫作及行政管理，一〇七八年（四十五歲）成為修院院長。安瑟倫在這時期完成兩部作品《獨語》及《論證》。《獨語》原名為《默想信仰基礎的典範》，《論證》原名《信心尋求理解》。安瑟倫著重「因信而知」的精神，基於虔誠的信仰尋求理性的解釋，他在《論證》中以禱告開始，然後提出本體論證。他清楚明言尋求理解並非信心的先決條件，而是源於信心的一種求知渴想。安瑟倫重視理性，但更加重視信心。

現況反省

反觀華人教會卻有一種毫無批判地承繼反理性屬靈觀的歷史，結果培育不少信仰與生活脱節、信仰與專業訓練脱節的基督徒。有些基督徒在專業的領域善於觀察分析、運用多方面思考權衡利弊、大膽假設小心求證，不過在處理基督信仰的事情就缺乏思考，甚至擔任教會的領導工作也沒有認真反省每一決定背後的聖經及神學原因。不少基督徒沒有正視自己只不過活在人云亦云、被別人牽著鼻子走路的光景，只求簡單快捷的培靈程序、或追求激烈的經歷，從來不注意生命的重整需要嚴格的自我反省過程。有些基督徒發現建立個人與神關係的重要性，但卻壓抑理性思考、高舉感性的神祕經驗。有些基督徒受著後現代思想的影響，從根本就否定理性尋索真理之路。現時不少關於基督信仰的言説，壓根兒只不過是心理語言的拼湊，加上屬靈術語的包裝。

解説意義

《追求美善與真理禱文》提醒我們要追求上帝的真理。

當人面對上帝的真理就無所遁形，理性的反思在上帝聖道的指引下有如一把利劍，將我們的內心剖開，使我們時刻發現自己需要上帝的拯救。曾經有同道認為人神關係的建立是用心不用腦，若果我細心研讀舊約聖經關於「心」的理解，會發現心包括理性思考、情感反應、意志抉擇……等功能，因此人神關係建立既要用心也要用腦。有前輩告訴筆者，最新的教育理論傾向整全地了解人各類的智商發展，同時以「思想地圖」的觀念綜合人理性、感性及其他部門的活動。如此看來，我們不必過分高舉理性而變為理性主義者，亦不必過分貶低理性而變成反理性主義者。我們需要以整個心靈朝見上帝，讓上帝塑造一個健康完整的品格。

《追求美善與真理禱文》提醒我們要留心神的榮美，理性化的神學反省必然源於對上帝的信心及敬拜。當人頌讚上帝的榮耀，就會進入美的境界，欣賞上帝的奇妙作為。敬拜不單是人的活動，而是在敬拜的禮儀中進入經歷上帝臨在的境界。可惜不少崇拜設計拘泥傳統形式，變成一些繁文褥節，無法幫助人體驗神的榮美。

《追求美善與真理禱文》提示我們應該由信心指導理性反省，同時在敬拜中經驗上帝的榮美，使我們對上帝的真理及美善有更深的認識。可惜，有不少基督徒以為參與崇拜的目的是聆聽講道，其實崇拜是雙向的，一方面聆聽上帝的說話、另一方面表達人對神的崇敬。同時，整個崇拜都是由聖道承托著，每一個環節都是表達聖道的內容，不管是宣召、認罪、宣赦、啟應經文、祈禱、祝福差遣等都是聖道的流露，聖禮的設立亦是基於聖道而來。因此，崇拜使人整全地親近上帝，在信心的指導底下進行理性的思考，認識這位榮耀的上帝。

默想問題

1. 在你的心目中，講道是否整個崇拜中最重要的一環？

2. 作為基督徒，你認為你可以循那些途徑去追求上帝的真理？

祈求仁慈禱文

主啊，我們尋求祢，願祢的恩典臨到我們。在上帝呼召我們的卑微責任上，放下自己的意願順服祢，在痛苦及挑戰中忍耐，保持內心及行為的真誠、謙卑及仁慈。在上帝呼召我們較重大的責任中，賜我們犧牲及勇氣。無論在大小事情上，我們都效法祢的愛子耶穌基督，阿們。

——基斯汀娜．羅撒蒂，《祈求仁慈禱文》

解説意義

在一個弱肉強食的社會，不少人懷著寸土必爭的態度工作，你我各不相讓，在工作關係裏使出各式各樣的手段明爭暗鬥。同事不一定是一起並肩作戰的夥伴，而是競爭的對手。因此，很多人覺得現實社會是冷酷無情的。當人踏足社會愈久，就會被社會同化。從積極一面來説，能夠懂得辦公室政治的人，就是那些成功地社會化的人。從負面來説，誰能掌握權力，就可以將對手壓下去，真理變成有權勢者的專利。在一個缺乏仁慈的現實社會中，人會變得無情，麻木不仁。人會追求卓越，追求成功，以工作成果證明自己的能力與價值。可惜我們往往將大部分表現平平的人拋諸腦後，甚至覺得他們是冗員、是公司發展的阻礙。在提高競爭力的大趨勢下，忠心不再是一種美德，相反，是業績肯定了人的重要性。

今天不少人面對被裁員或減薪的厄運，我們不能一概而論地指他們過去在經濟環境好的時候不思進取，靠小聰明及僥倖賺取生活所需；今天在嚴峻的考驗底下，一個人實力見底，這是咎由自取。其實，存搏彩及僥倖心態的人只是少數，大部分的人是安於現狀，沒有努力進修充實自己而已。如今，大家都在一把年紀的時候接受再培訓、進修，已經是一種進步。為甚麼我們不能仁慈一點，讓進步中的人有多一些機會呢？作為基督徒行政管理人員，在這個艱難時期，極需要學習仁慈，同樣極需要在一個缺乏安慰的社會中播下仁慈的信息。過分的施壓會令在掙扎中的同工感到更大的壓力。當人在缺乏自信，對將來失去安全感的時候，會影響今天的工作態度，帶著過度敏感的心情接收任何一種中性的信息，帶著負面的心理將某些正常的政策詮釋為陰謀。更可悲的是帶著受威脅的感受與同事合作，處處提防，處處攔阻，終日失去喜樂。

《祈求仁慈禱文》提醒我們關心別人的需要，欣賞別人的努力，在指出別人的錯處時，以建設性的大前提幫助對方發現你為著他的好處提出建議，而非為了踐踏別人而找人的錯誤，證明自己的能力與權威。《祈求仁慈禱文》令人想起舊約聖經教訓以色列人在收割的時候，不要收割淨盡，總要留下一些給那些寄居的孤寡無助者。同樣，我們追求成功卓越，亦需要留有餘地，給其他人發展的空間。《祈求仁慈禱文》沒有提及權力，只有提及責任。權力與責任可說相輔相承。追求完成責任要求與追求權力只是一線之差。沒有仁慈的心，權力可以成為「只有我沒有你」的權術工具。相反，當人被仁慈主導，我們便不會誇大自己的貢獻，無視自己的軟弱，針對別人的不足，卻不欣賞別人的長處。充滿仁慈的人能夠以公平對己對人，不會濫用權力將別人玩弄於掌上。《祈求仁慈禱文》提醒我們以仁慈作為做人處事的原則，在提高競爭力之餘仍然留有餘地，使不同的人都可以找到生存及發展的空間。

默想問題

1. *在辦公室裏，要怎樣行事為人才會取得成就？這與聖經的教導有沒有抵觸？*
2. *你有沒有為別人留下生存和發展的空間？為甚麼？你會不會也想別人留下空間給你？*

3. 沒有權力，只有責任，你願意用這樣的禱文作為你的禱告嗎？

順服與引導

順服神旨（一）

主啊，請挪去我所有的自由、記憶、理解，甚至我整個意志。祢已經將我所擁有的賜給我，並塑造我之為我。請單單將祢的愛及恩典賜予我，這樣我們足夠有餘，並沒有其他訴求，阿們。

——聖依納爵，《順服神旨》

禱文導賞

聖依納爵這篇《順服神旨》禱文中，有三個重要信息：第一是整個心靈與自由都順服上帝；第二是擁有（having）與存有（being或譯「本我」）的關係；第三是追求上帝的愛及恩典使人心靈滿足。

聖依納爵向神祈禱，表示願意讓神取去他整個心靈與意願。他提及記憶、理解、意志這三點乃源自奧古斯丁對人靈魂結構的了解。若果我們循此思路進發，可以解釋聖依納爵願意將整個靈魂都順服在神的主權底下。奧古斯丁在《懺悔錄》中按信仰的角度重新詮釋他的一生，換句話來説，他回憶過去，並且從神作為起點將支離破碎的人生串連起來，形成一幅有目標、有意義的圖畫。

其實，《懺悔錄》的原文乃「信仰自白」的意思。原來，屬靈生命成長需要從神的角度調整及修正我們的記憶，讓神親自將我們的軟弱、失敗、奮鬥、成功等經驗統合起來，使我們不致因跌倒而埋怨神，亦不會因些微的成就而沾沾自喜。

解説意義

在理解方面順服神，是首先以信仰開始，尋求理解。在理解上順服神就是對聖經與歷代教會信仰的認信，縱使我們在理性上不能完全了解上帝三位一體的奧祕、耶穌神人二性的具體運作。當今不少基督徒的信仰態度就是放棄理性，訴諸感覺。其實這種信仰態度有如無根的浮萍，飄來飄去，沒有根基。一種踏實卻需要忍耐的方法就是基於信心，然後尋求理解，在順服上帝主權的大前提下操練我們的理性。

在意志方面順服上帝，就是不堅持自己的意願，甘心樂意按神的心意生活。正好比在現時香港經濟衰退的情況底下，大家都在裁員減薪的恐慌中工作；可是神卻感動人放棄工作，欣然接受神學訓練，以事奉神為一生的目標。在意志上順服神，就是在艱難的境況中仍然不放棄，緊守對神的諾言。

至於將自由獻上，順服上帝，可說是源於多瑪斯·亞奎那對人的自由意志的肯定。這種對人自由意志的肯定並非高舉人的地位，相反，是以神的恩典為本，激發人自由地回應。聖依納爵在引用奧古斯丁的靈魂觀以外，加上亞奎那的思想，希望更完整地表示將靈魂與人的自由回應部分都完完全全順服於神。

最近筆者跟隨一位弟兄學習緩步跑，第一次只跑了四千公尺，已經透不過氣來。原來我步速太快，呼吸不平均，以致很快就要停下來。第二次我提醒自己要改變舊有的方法，果然在按照指導底下可以超過四千公尺。我本想在七千公尺時候停下來，不過弟兄游說我若果按照既有的速度、呼吸方法，應該可以完成一萬公尺。結果我放膽嘗試，終於完成。後來我反省到，跑步與奔走屬天旅程是有些類似的地方。首先我們要放下既有的見解，按正確方法進行。聖依納爵將奔走屬天旅程的方法教導我們，就是將我們整個心靈都專注於神，順服神的旨意。若果我們堅持己見，就好像筆者用不正確方法跑步，結果是欲速則不達。相反，當我們將心靈專注於上帝，這樣就會掌握正確的方法，去奔走屬天的道路。

默想問題

1. 禱文提醒我們應先追求甚麼？為何？

2. 今天你尋找到奔走天路的方法沒有？

順服神旨（二）

主啊，請挪去我所有的自由、記憶、理解，甚至我整個意志。祢已經將我所擁有的賜給我，並塑造我之為我。請單單將祢的愛及恩典賜予我，這樣我們足夠有餘，並沒有其他訴求，阿們。

——聖依納爵，《順服神旨》

解說意義

甚麼是真正的擁有？當然，珍惜生命、親情、愛情……等思想十分正確；可是我們能否擁有生命、親情、愛情呢？聖依納爵指出人不是擁有這一切，人只是生命的托管者，我們只能夠以感恩的心情享受人間的溫暖。我們是在世上寄居的客旅，是奔走天路的朝聖者。我們不會因為擁有更多而使我們的生命內涵更加豐富。在人類的語言中，我們常常會說：「我有一個丈夫／太太、兒子、女兒……。」可是曾幾何時我們可以將另一個生命據為己有。

有一位屬靈前輩分享他的女兒開始談戀愛，不過女兒的爸爸未有心理準備。原來為人父母疼愛兒女，有朝一日卻要忍受「人要離開父母」，獨立生活，建立家庭的事實。總有一天，我們的枕邊人亦會返回天父的懷裏。究竟我們擁有甚麼呢？其實，人類語言中的「我有」(I have)最能誤導人，令人以為我可以抓著甚麼似的。

基督徒在屬靈生命成長，總有些地方不願意上帝干涉，這些地方可能是家庭、事業，或者財產⋯⋯。若果我們以優質的家庭生活為首要追求目標，我們會樂意在被劃為家庭生活時間以外熱心事奉上帝。若果我們以事業為重，我們會在工作範圍以外按照聖經的原則生活。聖依納爵《順服神旨》禱文，提醒我們要學習將自己的人生完全奉獻，甘心樂意將據為己有的部分都讓神管理。

當我們踏出不再為自己增添更多「所擁有的⋯⋯」祈求的時候，我們才能正視生命真正的需要。若果我們以為上帝是「阿拉丁神燈」，有求必應，就將上帝降格為工具。神並沒有必要的理由為我們增加所擁有的；不過神為著愛要建立我們的生命。英文字having（擁有）與being（真我或本我）可說十分傳神。當人順服神的旨意，甚至將擁有的慾望都獻上給神的時候，我們才能找回真我。能夠找回真我的人，自然能夠享受簡樸生活，不被世上的名利物慾所蒙蔽，亦不會被成敗得失所困擾。

從義務論的角度來看，順服上帝是基督徒的責任，是我們理所當然的本分。從目的論的角度來看，順服上帝帶來更大的祝福，就是人能夠在最簡樸的生活中找回失落的自己，找到生活的樂趣。

默想問題

1. 甚麼是擁有？

2. 你能說出having和being的分別嗎？

順服神旨（三）

主啊，請挪去我所有的自由、記憶、理解，甚至我整個意志。祢已經將我所擁有的賜給我，並塑造我之為我。請單單將祢的愛及恩典賜予我，這樣我們足夠有餘，並沒有其他訴求，阿們。

——聖依納爵，《順服神旨》

解説意義

曾經有一位同道告訴筆者，他有優厚的收入，生活質素卻極不成比例。或許你身邊有不少人告訴你，他準備提早退休。究竟他們何來有這念頭呢？一方面現時香港面對急速轉變，工作壓力大；另一方面當人擁有夢寐以求的東西以後，就會尋找更深一層的意義，所謂「衣食足後知榮辱」。原來擁有並非人生最終的目標，更重要的是做回真正的自己。究竟我們怎樣可以找回那失去了的「真正自我」呢？儒家有「求其放心」的思想，就是尋求那迷失方向的心。聖依納爵提出尋回自我的方法是順服上帝，首先將擁有的願意獻上，讓上帝塑造我們。

聖依納爵在《順服神旨》的禱文中祈求賜下愛與恩典，此外，別無所求。這種禱告實在值得學習。一種以上帝為中心的信仰帶來愈來愈擺脱自我中心的態度，心靈樂意被神掌管和充滿。

每個基督徒都在學習禱告，可能我們已經是多年的基督徒，但這並不表示我們真正能把握禱告的真正意義。究竟我們禱告的時候，應該為甚麼祈求呢？甚麼是最重要的呢？很多時候，我們不斷訴説上帝如何應允我們的禱告，為我們成就了甚麼大事。多少時候，我們類似的見證摻雜了不少自我炫耀、抬高自己的成分。有時我們真的以為自己十分屬靈，無法實在地認清真正的本相。世人往往歌頌偉人的功業，為那些立下汗馬功勞的人寫下讚歌。基督徒十分容易接受這套價值標準，將目光投放在那些有名聲、有能力的人物身上。有進取心的同道更本著「三人行，必有我師焉」的心態努力與那些屬靈偉人看齊。當我們熱衷於以開展新事工、推動新思維、帶領新浪潮之際，我們很容易忘記究竟自己追尋的，是屬靈的事業，還是屬靈的事奉。當人沉醉於建立屬靈事業的時候，自我意識變得活躍，一切都希望由自己主宰、決定，甚至掌握，可是錯誤的開始自然帶來錯誤的結局。當我們奔走這條朝聖之旅的時候，我們需要儆醒，審查自己的祈禱內容，是否有太多自我的意願。

聖依納爵提醒我們要祈求神的愛及恩典充滿我們，以致我們別無所求，這是非常難學的功課。我們自己、身邊的人可能驅使自己追求屬靈上的成功與卓越，不過，甚麼是在屬靈上成功呢？甚麼是在屬靈上卓越呢？豈不是那些有上帝的愛充滿，同時又懂得愛人的基督徒嗎？一個渴望出人頭地的人，自然沒有多少時間留給家人、朋友、弟兄姊妹。我們眼中往往就是事工、責任、會議、寫計劃書、交報告、研究寫作、參與會議、出版……。當我們的事奉超出自己合適的範圍，壓力就會出現，屬靈野心亦萌芽。可是我們往往身陷險境而不自知。聖依納爵這篇禱文喚醒我們追求神的愛和恩典充滿，讓我們每一天都有愛的力量，有神的恩典成為別人的幫助和祝福。

若果我們將目標集中於我們的行動或回應，卻沒有首先在內在生命被神的愛及恩典充滿，我們極可能被各種統計分析、策略謀算所佔據，以為一切會按既定計劃自動運作。可是這根本是一種假象，我們有何能力保證一切如常運作，誰可以有足夠自信，揚言在一年內一定完成甚麼大計，在業績上一定有多少的增長。計劃、估計終歸是可能性。可是人卻埋首於將可能性實現，而忘記神要首先得著我們的心，讓我們被神的愛充滿，成為一個滿有恩典的人。不少人渴望尋找新的亮光、新的觸覺，使他們能洞悉廿一世紀的面貌。在變幻莫測的世局中，甚麼是最適合的立足點呢？聖依納爵的《順服神旨》禱文提醒我們首先追求被神的愛及恩典充滿，以致我們所作的謀算都變得合神的心意。

默想問題

1. 我們禱告的時候，應為甚麼祈求？甚麼是最重要的呢？

2. 甚麼是在屬靈上成功呢？甚麼是在屬靈上卓越呢？

3. 你是否被自己的謀算纏累？如何才能從中得釋放？

實踐神旨

主啊，祢知道我的願望，但我只渴慕神容許我得到的。若果我的願望與祢的旨意不符，主啊，我願意實踐祢的旨意，阿們。

——茱莉安，《實踐神旨》

背景資料

諾域治的茱莉安（Julian of Norwich，1342 -1416），一位女性神契主義者，注重從智慧（wisdom）及母性（motherhood）的角度理解基督；以真理、智慧及愛了解三位一體的位格。茱莉安亦從母性的角度解釋神的恩典使基督取了人性（humanity）。她一方面承繼奧古斯丁的傳統，著重禱告及參與神的行動，另一方面亦注重聖法蘭西斯對萬物充滿情感的特色。她在保留三位一體信仰內容的同時，嘗試以智慧及母性的角度演繹神人的關係。

解說意義

一般來說，女性的感情較為豐富，注重人際關係，從實踐中體驗信仰的真諦。男性的理性較為活躍，看重完成目標任務，較喜歡在抽象的思維世界裏體驗信仰。當然，我們不能以偏概全，硬將男女性的性格特色定型。一個較為可取的做法，是肯定男女兩性的性格特點，及其對神領受的方法。

筆者以茱莉安的《實踐神旨》禱文作為提示我們善用感性資源面對香港經濟衰退與中國加入世貿、美國九一一事件與阿富汗戰爭等國際大事。我們習慣以理性分析問題的根源，從不同角度思考討論，試圖找出一個理性的解決方案。有些時候，我們忽略了以柔制剛的智慧。其實不管我們怎樣對社會現狀、世界動態進行理性的分析，最終也只不過是一些個人的揣測，根本不能造成改變世界的力量。

基督徒的生活，不是與世隔絕，不吃人間煙火。我們需要在面對紛亂的世情中，洞察上帝的心意。究竟神讓我活在這時代、這個歷史空間裏，祂對我有甚麼召命呢？當我們尋索上帝對我們的心意時，我們不能單憑理性分析自己過往所走過的路，然後估計今日應該如何定位，甚至展望未來。人在這情況下，往往會感到自己無能。人不能操控歷史，只能順應歷史的規律。可是基督徒並不認同命運是黑暗的；相反，深信神掌管人類歷史，人參與其中，成為神改變世界的工具。

究竟我們可以如何回應時代的挑戰，以致我們能夠成為改變世界的工具呢？首先，我們需要調校自己的思想，以神的旨意為自己人生的目標。茱莉安的《實踐神旨》禱文，並不重理性的神學推敲，相反，她簡單直接地描寫人禱告祈求，若與上帝的旨意不符，便甘願放棄。人實在需要學習放棄一些容易纏累我們心靈的事物，以致我們心靈有更大空間親近神。同樣「放手」並非是消極的做法，它可以是更積極地把握神賜給我們永不改變的福分。茱莉安的《實踐神旨》禱文明確地鼓勵人以神的旨意成為我們生活的指南。

順服神的旨意可以一方面在理性層次説服自己放下個人想法，另一方面則可在感性層次投入神的懷抱，以神的旨意成為我的意願。茱莉安的《實踐神旨》禱文提醒我們在信仰上要有情。純粹理性化地分析神人關係使人有生硬的感覺，若果能夠強化在情感上的投入，會更平衡地描述神人的關係。

現代人崇尚以嶄新的角度看事物，在屬靈生命的事情上亦喜歡以另類眼光來理解。當然，我們需要學習從不同角度去思考，不過我們亦需要有定見，在兼收並蓄之餘亦要有過濾消化的過程。筆者欣賞茱莉安的《實踐神旨》禱文，能夠情理兼備，提醒人渴望神的心意，樂於實踐神的心意，並且以一種愛神的態度去投入神人間的感情，這種心態是一般理性化的男性所缺少的。不過，茱莉安那種以母性角度理解基督及對三一神的詮釋，卻在神學上需要更多的討論。無論如何，從女性角度看靈修總會有可取之處。

默想問題

1. 你對現在這個世界有何意見？你如何回應時代的挑戰？

2. 你渴慕甚麼？有沒有想過那些東西是不是上帝要給你的？若你所渴慕的，跟上帝要給你的不一樣時，你願意順服嗎？

3. 你一向以甚麼角度去思考和判斷事情？是理性分析還是感性觸覺？有何好壞？

神旨掌管

神啊，祢的智慧管理萬事，我的靈魂要經常按祢的旨意服事祢，而不是按我的意願而行。讓我的自我死去以致能夠事奉祢，讓我活在祢裏面。阿們。

——大德蘭，《神旨掌管》

背景資料

大德蘭（Teresa of Avila，1515 -1582）生於西班牙，受當時天主教所鼓吹的殉道精神感染，追求以受苦達致救恩。她七歲時與兄弟羅迪高（Rodrigo）離開亞維拉（Avila），準備殉道之旅，幸被叔父發現阻止。大德蘭聰敏過人，十二歲能閱讀聖經及一些歷險故事和文學作品；十四歲那年母親去世，為了尋求心靈慰藉，向聖母懇求，一五三一年（十六歲）加入了聖瑪利亞（Santa Maria）奧古斯丁派女修院。當時馬丁路德改教熱潮席捲各奧古斯丁派修院，但聖瑪利亞修院卻沒有多大影響。雖然大德蘭靈命及知識增長，但健康卻日差，並在十七歲時返家。一五三五年（二十歲），她加入迦密聖衣修院（Carmelite Monastery）後，她的身體狀況變得更壞，但卻開始有深刻的神契經驗。當她向耶穌會及道明會神父分享其神契經驗時，神父們卻抱著懷疑的態度。直至一五六〇年（四十五歲），艾格他華的彼得（Peter of Alcantara）認定她的禱告及異象乃來自上帝時，她獲得心靈的安慰及靈命上的成長。她開始構思恢復原始聖衣會的規律，操練屬靈生命。到了一五六二年（四十七歲），她在聖荷西（San Jose）開設一修院，受當地主教監管，而且開始完成其靈修作品。一五六七年（五十二歲）時，她奉命創立更多修院，八年後退休，並完成其名著《七寶樓台》（*Interior Castle*）。一五八二年，大德蘭去世。

解說意義

大德蘭有與眾不同的神契經驗，她在身患重病中深刻體驗神的愛，使她在黑暗中找到亮光，淨化靈魂。她的《神旨掌管》禱文提醒我們要治死老我，活在神的生命中。雖然我們不能完全體會大德蘭的屬靈經歷，不過她這方面的提醒卻可以成為我們禱告及操練靈命的重要指引。大德蘭向神禱告，願神的旨意成全，而不是依自己的計劃行事。她指出當我們的老我仍然活躍的時候，人的主張及安排就成為主導；相反當我們治死老我的時候，就會經歷新生，新的自我在神的愛中成長，並且與神的生命相連，活在神的生命中。

現代人重視實現自我、發揮自我及表達自我。我們習慣要肯定自己，確立自己的身分與角色。我們並不容易接受一種否定自己、破碎自我形成的觀點。當然，過分自卑、缺乏自信是心理不健康的表現。不過當我們覺得自我已經完滿自足，可以用人為的方法解決自己的問題時，我們就會覺得神的拯救乃錦上添花而已。很多人的靈命不振，其中一個原因就是沒有正視自我需要重整、重建，在神的愛中受改造的重要性，以致無法體會依靠神的逼切性。

大德蘭能夠有深刻的屬靈經驗，其中一個原因就是她敢於面對自我，願意放下自我，活在神的生命中。若果我們學習大德蘭這種放下自我，活在神生命中的禱告態度，我們亦會經歷生命與神密切不可分離的神契體驗。神契經驗可說是一種人對神臨在的體驗，亦是一種人神關係的體會。人神關係有其不可言喻的部分，是當事人才可以體會的。不過人神關係亦有其可以言喻的部分，是一般人可以理解及明白的。例如《神旨掌管》禱文的內容十分清楚，意思明確，容易理解。可是這篇禱文意簡言精，要達到捨棄老我，在神裏面生長，絕不容易。這篇禱文所指向的屬靈體驗是言語所不能完全描述的，不過其理想及方法都是人的理性可以掌握的。因此，我們不必採取一種二元對立的眼光將理性與感性視為必然的矛盾，互相對立。又或者硬要否定理性而高舉感性，更不必將神契經驗過分神祕化，令人有高不可攀的感覺。其實大德蘭亦是在平凡生活中領略神的恩典。她的靈修實踐方法，值得我們學習。

默想問題

1. 你願意面對並放下你的自我嗎？為甚麼？因為你已經圓滿自足嗎？

2. 若不放下自我，我們能否跟從神的心意？

尋求人生使命禱文

神啊，祢創造我為要完成某項特定的服侍，祢分派給我們獨特的任務。我的使命乃成為人與人之間連結中的一環。神啊，祢創造我使我在所在之處成為祢真理的宣講者，願祢使我謹守祢的命令，回應祢的呼召服侍祢。

—— John H. Newman，《尋求人生使命禱文》

（內容經筆者整理）

背景資料

約翰・紐曼（John Henry Newman，1801-1890）生於英國倫敦，父親為銀行家。一八一六年，十五歲的他受加爾文派思想影響，加上父親的銀行倒閉，更加深信上帝的呼召及揀選。翌年他進入牛津大學三一學院，五年後被選為阿禮爾學院（Oriel College）院士，從事神學研究。一八二六年，紐曼任該院助教，思想傾向反對自由主義。兩年後被按立為大學聖瑪利教堂牧師，開始研讀古教父作品，其講道注重基督徒基本生活原則，頗受歡迎。他與一群重視大公教會（Catholic Church）的同道在一八三三年發起牛津運動（Oxford Movement），重申英格蘭教會的大公教會基礎。一八四三年，他離開聖瑪利教堂；一八四五年十月九日加入羅馬天主教；一八四六至四七年到羅馬生活，並於一八四七年在羅馬被按立為神父，其後返回英國的伯明翰。一八五一至五八年任愛爾蘭一天主教大學校長，發展希臘文化、人文科學及大公信仰並重的基督教高等教育。

縱觀紐曼的思想發展由加爾文派為基礎，輔以聖公宗的「中庸學說」（via media），強調教會承繼使徒信仰，及至他轉投羅馬天主教會，更強調教會具備基督作先知、祭司及君王的職分。他在投身高等教育工作時亦注重古典及大公信仰並重的教育理想。

解說意義

《尋求人生使命禱文》反映出一種加爾文對聖召及上帝揀選的精神。紐曼深深體會上帝分派給他獨特的任務，這並不表示高人一等；相反，是神對每一個人有獨特的計劃。紐曼對於上帝的聖召全心順服，視為自己人生的使命，是服侍上帝最適合的途徑。有些人認為人生使命這類術語是空泛、無內容的詞語，是當人高談闊論時信口開河的說話。可是人生沒有方向就變得漫無目的，日子一天一天過去，卻對未來沒有甚麼期望。對於重實際的中國人來説，解決生活所需就是人生的首要任務。當然平平實實做人，踏實的工作，培育下一代長大成人是理所當然的責任；不過人生的使命不單在於建立穩定的家庭，而是要完成神在我們人生的計劃。很多基督徒渴求屬靈生命成長，有些追求神祕特殊的屬靈經歷，有些追求震撼的屬靈感動。筆者認為靈命成長不是靠片刻的屬靈高峰經驗所推動，而是要在人生旅程中持久地與神同行所促成的，若果短暫的屬靈感動不能化成我們追尋上帝在我們身上的旨意，及我們甘心樂意的回應，那麼我們的屬靈生命便不能有所突破。

最近政府委任一批問責官員，其中有受訪者澄清自己是「腦袋指導屁股」，不是盲目之徒。一個善於管理自己的人必須是一個有目標、有遠象、有冷靜思維的人。我們需要更多對人生有目標、有理想的人，為社會承擔責任。《尋求人生使命禱文》提醒我們人生並非無可奈何，亦不是漫無目標，更不是毫無意義。不少失業及失學的青少年人對前途感到迷茫，對自我價值懷疑，生活變得混亂及放縱。其實整個社會，甚至全世界都有不少找不到生命意義的人。作為基督徒，我們應該首先積極尋找上帝對我們人生的使命，好使我們的人生變得豐盛，讓我們感到無憾。然後，我們在所處的崗位上影響更多的人尋找生命的意義，在基督耶穌裏找著新的生命。

《尋求人生使命禱文》提醒我們要活得精彩、活得有勁，在服侍神的人生充滿喜樂。

默想問題

1. *你認為「人生意義」這名詞抽象嗎？當應用在你身上時，出來的結果是甚麼？*
2. *可否想一想，你現在的人生目標是甚麼？然後再想一想，這幅人生目標的圖畫，與神在你身上所計劃的是否吻合？*

新階段開始禱文

主啊，願祢使我清晨醒來為祢開始新一天的生活，在日落之時充滿喜樂地為祢完成一天的工作；心存感謝地凝視月亮的皎潔及宇宙中星河的絢麗，使我在祢偉大的世界中為祢增添一點微小的光采。

——佚名，《新階段開始禱文》

現況反省

曾經有一位教育界的仁兄說十年教學經驗，其實是將一年的活動重覆九次，因此，實質上只有一年教學經驗。筆者在十五年前聽見這種與眾不同的觀點，印象深刻。時移世易，從事教育工作不能因循，課程內容不斷革新，教學方法亦日新月異，每一學年都成為一個新的開始。

各位從事教育的同道，你會如何迎接新學年的開始呢？你會否覺得這是苦難的起頭、災難的開始呢？你的盼望是否度過十個月後的另一個暑假呢？還是你在數算公眾假期的分佈規律、自己的教學節數、被分配班級的質素等等？對於教育工作者來說，心情最佳的時間應該是謝師宴，畢業的同學向老師大送高帽，從心裏說出欣賞感謝的話，令老師感到在苦心教導下一代之餘也滿有價值及成就。不過，這種感人場面只是一年一度，大家總要找到每一天辛勤工作的動力所在。

解說意義

《新階段開始禱文》提醒我們在平淡中經歷神的祝福。從事教育工作，往往有一些職業病，例如聲帶受損、講課後筋疲力竭；有些更會準時地在假期發病。教育工作者天天消耗心力，一方面教導學生知識，另一方面又要輔導及管教學生，既要跟進個案，與家長聯絡，又要兼顧學生課外活動⋯⋯若果要進修，更會影響家庭生活。面對從各方面而來的要求，我們往往承受不少無形壓力，以致有耗盡及心力交瘁的感覺。《新階段開始禱文》沒有將甚麼偉大使命加諸我們身上，而是提醒我們每天踏實地工作，按步就班地完成每天的責任，使我們能夠享受天倫之樂，在晚上可以有心情遙望天際長空，在上帝面前呈獻一天的工作成果，然後安然入睡。

面對複雜多變的現實社會，我們的內心更加需要安全和穩定的感覺，在遇到突發事件不致大失方寸。《新階段開始禱文》教導我們培養規律生活，每天為自己的心靈締造空間，清理每天的煩擾，為已經完成的責任感謝上帝，並且預備自己迎接新的一天，繼續為主作工。從事教育工作需要有理想、有使命感，不過每一個學生都有自己獨特的故事，由他們的家庭背景構成不同的情節，塑造他們的人生價值觀，直接影響他們的學習態度、交友與行為。一個有理想的教育工作者愈是關心學生，就愈會覺得學生對愛與關懷的訴求好像無止境般，令人感到無助。有時我們會向學生提出一些建議，但結果總是基於實效的理由而擱置。《新階段開始禱文》鼓勵我們回想這是天父的世界，宇宙的運作與人類歷史甚至每個人的前途都是神所掌管。我們在世上所作美善的事，只是為神所創造這偉大工程中增添一點點光輝。既然我們只是上帝的同工，因此當我們已經盡心盡力完成自己的責任，就應該學習讓神掌管一切的功課。這並非苟且的態度，相反是盡忠工作、全然交託的表現。

默想問題

1. 每天早上，你是否要三催四請才願起床上班？可有改善的方法嗎？

2. 我們所擁有的每一天，都是上帝賜給我們的厚恩，當我們明白每一天不是為自己而活，而是為主而活時，

我們便不敢怠慢地去過每一天了！——你能切切實實的感受到嗎？

善用財富禱文

主啊，願祢幫助我們誠實地賺取金錢，有智慧地運用金錢，小心謹慎地儲蓄金錢，並慷慨地分享金錢。

——佚名，《善用財富禱文》

現況反省

曾經有人說：「錢不是萬能，無錢卻萬萬不能。」這句說話很有道理。人不可能沒有半點積蓄，活在赤貧的生活當中是痛苦的。基督徒追求屬靈生命成長亦不必變成一個窮途末路、一無所有的人。基督徒所追求的是基本生活要求得到滿足。甚麼是基本生活要求就見仁見智了。有些人有穩定的收入，兩餐一宿不成問題，兒女教育不用擔心就心滿意足。基督徒在世有一段頗長的日子，我們在世上生活，必然要處理現實生活的問題。若果我們單單在頭腦上認同上帝存在，但卻在處理現實生活的事情上，用另一套標準，那麼我們就會陷入信仰與現實生活割裂的危險。

解說意義

近年有些弟兄姊妹推動職場倫理及職場神學的學習，筆者深深佩服這些滿有使命感的兄姊。當中有些兄姊有多年開創這方面的事工，建立組織，籌辦聚會，甚至鼓勵有專業訓練的兄姊委身上帝的呼召；亦有兄姊忠心熱誠，經常用電郵方式推動大家對這方面的關注。筆者毫無商界經驗，亦沒有行政管理的工作紀錄，只懂些微聖經及神學知識，根本不知道如何幫助商界的兄姊面對在職場上的掙扎，我十分欣賞《善用財富禱文》。中國人有句話：「求之有道。」我們追求財富必須按照良知的指導，合乎道德地進行。商業行為本身不是道德中立的，而是有道德價值判斷的，例如在上市公司收購行動中，有分為善意收購與敵意收購。所謂善意收購是首先與董事局接觸，知會收購的意向，開出合理價值作整體收購。敵意收購是暗地裏收購其他股東的股份，作為動搖大股東的地位。其實商場如戰場，構成被收購的因素不能完全歸咎別人，大股東持股量低、本身財政有危機、公司管理不善等，都會成為被狙擊的對象，在商場中弱肉強食是自然規律。作為大商家，需要顧及信譽及形象，不能盛氣凌人，不能將對手趕盡殺絕，同時亦要建立誠信。當年有商人以「滾雪球」的方式經營業務，偽造文件及假帳，結果弄致身敗名裂。很多例子在在說明商業活動同樣有道德倫理的法則和要求。

作為基督徒，我們對金錢的態度是存感恩的心領受，以感恩的心去運用，基於感恩而分享及奉獻。上帝沒有禁止我們賺取世上的金錢，神要我們學習作忠心的管家，好好管理金錢。《善用財富禱文》提醒我們要誠實地賺取金錢，不要為了錢，而出賣自己，放棄原則。當我們擁有金錢以後，要有智慧運用，不要為了貪圖享受而浪費金錢。同時我們要謹慎理財，建立穩定的經濟基礎。在清楚計算自己的需要下，慷慨地作出更多的分享及奉獻。現時很多基督徒都有十一奉獻的習慣，不過在經濟困難的時候，若果能夠作出額外的分享及奉獻，對上帝的工作將會很有幫助。

《善用財富禱文》提醒我們要善於管理金錢，亦即善於作投資。投資背後反映價值觀取向，甚麼是我們心中所追求所渴想的。有人投資純粹為了增加自己的財富，有人投資除了為自己改善生活外，更為了獲得資源作更偉大的事。我十分敬佩一些富豪捐獻金錢興辦學校、建立社會服務機構。作為基督徒商人，應該為上帝的緣故更加慷慨，因為基督徒認識生命的主，亦體會人只不過是神在地上的管家，我們所擁有的其實是屬於上帝的，他賜給我們各樣福份是神的恩典。我們滿足了物質生活要求後，就應該追求更崇高的意義。中國人有句話：「衣食足矣後知榮辱」。作為蒙恩得救的信徒，我們理應追尋生命的主比追尋物質更熱切，使我們經歷主更深。

默想問題

1. 你的基本生活要求是甚麼？
2. 請靜心思想：「因為你的財寶在那裏，你的心也在那裏」（太六：21）。

更新變化禱文

主啊，我追尋祢，但更願被祢得著。我接近祢是為了更了解祢的心意，我效法祢為了更加像祢。主啊，願祢賜我清潔的心、謙卑的靈、表裏一致的生命、對眾人良善的心腸。阿們。

——佚名，《更新變化禱文》

現況反省

有神學前輩提出神學訓練的目的並非訓練工匠，而是訓練工程師。言下之意，是指神學訓練不是灌輸一套方法、一種模式訓練；而是幫助學生懂得慎思明辨，對一個具體的教會問題，從不同角度作思考。除了要掌握多維度思考方法外，更重要的是懂得整全的神學分析方法——從聖經、教會歷史、神學、倫理學、實踐神學等科際整合作反省。筆者在接受神學訓練的時候，已經渴望能夠達到此地步。經過多年學習，現在面對問題時比較容易不失方寸，有條理地將問題剖析，並有較明確的取向和立場。筆者認為工程師式的神學訓練，都需要同學在畢業後經過長時間磨煉，才能進入成熟階段。

工程師式的神學訓練並非只有理論，沒有實踐技術的訓練；相反，工程師式的訓練是要人由技術層面提升至藝術層面。筆者十分認同有同道提出聖經研究需要由技術方法的層面進入藝術性境界。筆者曾經聽過有同道運用上乘的當代聖經研究方法，將經文的原意準確地詮釋，澄清過去一般釋經上的錯誤，令聽眾有如撥開雲霧見青天的感覺，彷如進入人間仙境。筆者向來以藝術欣賞的角度聆聽講道，欣賞每一位講員對經文的處理和演繹。整篇講章的結構、思想前進的節奏、議論與例證的交替配合、修辭的方法、感情的投入、對讀者期望及心理迴響的把握等，有如一篇美妙樂章，是充滿藝術的美。我們不能期望一個技術工匠可以發揮到這個地步，唯有具備工程師心靈的人才能夠把對真、善、美的渴求，注入他的技術發揮裏面。若果一個熟練的工匠能夠開放自己的心靈，讓生命的主觸動，將會獲得屬天的靈感，造出匠心獨運、巧奪天工的藝術品。

一個有自省能力的傳道人，不會滿足在技巧、知識上的學習，更會渴望在生命上獲得更新重整。一個重視生命建立的傳道者，必然重視自己在屬靈上建立表裏一致的生命。若果聖經及神學的知識只是一堆積滿腦袋的資訊和資料，沒有對我們的生命內涵、人生價值觀產生衝擊和挑戰；那麼我們充其量學了一些「沒有生命的知識」，卻尚未把握聖道，更未被神得著。表裏一致的生命是如實地認識自己、接納自己、藉著上帝的恩典更新自己。在屬靈上表裏一致的要求是一種求真的表現，是對聖道的尊重，對宇宙主宰的敬畏。有同道提醒事奉神的人不單要有外表的風範，更重要的要有內在的生命。一個表裏一致的基督徒是一個不懷詭詐、寧願自己吃虧也為整體著想、寧願自己被人遺忘也不刻意求顯達的人。

解說意義

作為一個神學人，我們不單以追求學術成就為最終目標，而是對敬虔與學問同樣重視。沒有敬虔的學術研究只會增加論文及書籍的出版量，卻不一定對別人的生命產生影響。作為一個傳道人，沒有生命更新改造的神學訓練，只會令人掌握一些方法和技巧，難以期望以生命影響生命的出現。作為一個神學生，缺乏生命操練的學習，只會消磨人的使命感。《更新變化禱文》提醒我們要有清潔的心、謙卑的靈、表裏一致的生命、對眾人良善的心。表裏一致的生命就是不虛偽、誠實待人、不以旁門左道行事、凡事以追尋聖道在自己身上彰顯。這樣的事奉才會流露屬靈上的真、善、美。

默想問題

1. 在日常生活中，你能否「以生命影響生命」呢？
2. 你能否想出一些方法去操練自己，以致你每天活出來的行為，都是神所喜悅的？

信心與盼望

單純的心

祈求一顆單純的心，讓我們能夠看見主；一顆謙卑的心，讓我們聽見神的聲音；一顆滿有愛的心，讓我們服侍主；一顆有信賴的心，讓我們活在主裏面。祢是我不能完全領會的那一位，但卻是我存在的基礎及奉獻的對象。

——德．哈瑪士爵，《單純的心禱文》

（內容後半部經筆者整理）

現況反省

現代人行事往往傾向多種目的（multi-purposes）來考慮。從事推銷工作的人亦如説客般曉之以義、説之以利、動之以情，從不同角度説服客人。從多方面考慮本來是思想成熟的表現，可是在屬靈上最終也要轉化為單一地以上帝為大前提，才能使我們的屬靈生命成長。有些同道提出基督徒要治死舊我、放下自己，才能夠讓神的生命充滿。這其實很有道理，若果我們在屬靈生命追尋過程中夾雜著抬舉自己，建立自己江山霸業、江湖地位的時候，我們的事奉就會變質，成為掛著事奉上帝的招牌，卻以發展個人事業為實。《單純的心》禱文正好提醒我們以單純的心親近主、事奉主，以致我們的屬靈眼睛能夠張開，看見上主的榮美。

當人漸漸覺得自己在朝聖的路途中有點兒得著的時候，往往沾沾自喜，認為自己與眾不同，堪稱信徒的模範。當我們對自己認真，對信仰委身的時候，我們亦要慎防屬靈上的驕傲。若果我們在事奉上有些微成就的時候，更是我們最容易陷在試探的危機中。在艱難的歲月，人往往曉得依靠神；不過當日子順利的時候，人就會驕傲自滿，以為一切都是理所當然，神的祝福是無條件的與我一起。其實為神做大事與自以為是不過一線之差，可是人的軟弱與思想盲點，往往令自己無法看清楚現實的真相。

最近讀約翰・加爾文的《基督教要義》教會論，其中屬靈領導的解釋令筆者十分深刻。原來屬靈領導的本質乃服侍。誰願作屬靈領袖，誰就要謙卑服侍。在這個世俗化社會中，不少機構都以獲得優質行政機構為榮，在這種風潮影響下，教會亦為了迎接新時代而引進不少行政管理措施，提高事工的效率。從積極的角度來看，教會營運的組織及效率提高了，不過我們不能忽視一個事實，教會組織化很容易將人分門別類，各人按身分階級編制，人與人之間平等溝通的關係被削弱了。另一方面，事奉的心態亦極容易由對自己缺乏自信及全然倚靠神，變為以強者自居為神成就大事。久而久之，在屬靈上及事奉上成功者，強者的形象就彷彿自動轉賬在我們的屬靈戶口上。筆者並非認為屬靈人必定是受苦與失敗，不過卻認為追求屬靈上及事奉上成功優越，並不是基督徒優先的考慮。作為神學工作者，我們應該開放地認識各種教會增長理論，不過我們更應該謙卑地聆聽神的聲音。

在這個推崇專業的年代，我們往往以業績及資歷作為對事奉的評估標準。可是我們不要忘記靈命成長不能簡單地被量化，例如愛心及信心的增長就無法被量化。靈命成長亦不能程式化，像在工廠生產線上大量製造。一個人靈命的成長需要以信心踏出第一步，以行動回應神的愛，以神作為我們敬拜及奉獻的對象，這必須是每個人個別地與神建立關係所帶來的生命改變。

願神讓我們在這個世俗化的社會中作真正的屬靈人，以單純的心親近神，建立生命。

默想問題

1. 屬靈領導的本質是甚麼？教會管理有何獨特之處？

2. 我們有沒有量化和程式化自己的屬靈生命？何以見得？

增強信心禱文

父啊，我正在尋找，我面對疑惑與猶豫；但主啊，願祢看顧我每一步，引導我前進。

——奧古斯丁，《增強信心禱文》

現況反省

最近有同道分享，現時獻身接受神學訓練的弟兄姊妹年齡已漸趨中年化。從積極一面來看，弟兄姊妹接受神學訓練前有較多社會經驗，待人接物應該較為成熟，日後擔任牧職更能處理複雜的人際關係。從消極一面來看，弟兄姊妹較遲踏上奉獻之路，是否反映抉擇過程中充滿掙扎？有些弟兄姊妹可能未能放下心中的理想與掛慮，亦有些覺得自己在教會中缺乏事奉經驗，個人靈命方面亦未能承擔屬靈上的服侍責任。

解說意義

《增強信心禱文》提醒我們在尋找上帝的過程中，或者在探索前路的時候，總會有疑惑與猶豫。我們無法準確計算各種變數，我們對未來沒有十足把握；我們在考慮風險因素後，總是裹足於困難之中。結果，我們就花上多年的時間在奉獻之路上徘徊。若果我們懇切向上帝禱告，訴説自己願意事奉的心志，讓上帝磨練我們，使我們在屬靈生命上、待人處事上；在屬靈的教導、牧養及領導上都漸趨成熟，我們就能夠有信心和勇氣踏出事奉的第一步。從永恆的角度來看，上帝掌管宇宙的運轉變化，時間的流逝，在祂裏面永遠沒有太遲的事，只要我們敢於相信，就會經歷神的能力。同時，事奉不一定在乎日子的長短，在神的國度中有不同的崗位，有些是作領導、有些作配搭、有些年青時獻身、有些中年以後奉獻，只要神悦納我們的奉獻並使用我們，縱使我們只有短短十年的機會讓神差遣、只能作微小的服侍，我們總算沒有一生徒然空跑。

當然，我們應該鼓勵更多年青信徒學習委身的功課。年青信徒往往滿腔熱誠、充滿理想，不過在經驗及能力上未夠成熟，遇上難題就有眼高手低的感慨，漸漸信心動搖，甚至變得退縮。可是年青信徒那種對理想的追尋、對真理的執著卻十分珍貴。縱然年青信徒缺少成年人那種成熟穩重，但他們心地光明單純、敢於為理想押上前途為注碼的勇氣，正是跟隨主的委身表現。主耶穌基督的呼召本來就十分激進，他要求門徒以一種另類的價值觀在世界中生活，他呼召信徒組成「另類群體」，要我們旗幟鮮明地與邪惡抗爭。可是，當人年紀漸長，就容易甘於苟安，在建制的大機器中作順民。這種信仰態度根本已經世俗化，失去一種震撼力與挑戰。筆者向來傾向穩健，不過愈來愈覺得需要有一種敢於創新的氣魄。若果我們在事奉上只重穩健安全、安於規律形式、不願冒險，我們就很容易失去經驗神的能力的機會。

《增強信心禱文》提醒我們要剛強勇敢地踏出信心的第一步，經歷神的信實。對於已經獻身的兄姊來說，我們需要重新在上帝面前立志，甘心樂意地背起自己的十字架跟隨主。面對疑惑最佳的方法就是抓緊真理，立根於永恆的上帝裏面。當面對人性的敗壞及虛假的時候，願主使我們不會灰心失望；相反繼續虔誠禱告，儆醒謹守，忠於主的呼召。當我們在事奉上有點兒成果的時候，願主使我們不會滿足於群眾的喝采聲，而是更加渴求神的悅納。當我們覺得事奉產生果效的時候，願主提醒我們不會追求短暫的成功，表面的成就，反之定睛於建立堅固的屬靈基礎。對於徘徊在十字路上的兄姊，我願意以《增強信心禱文》彼此互勉，願主激發你為真理的緣故付上代價的心志。

默想問題

1. 你對「安於現狀」及「勇於創新」分別抱有甚麼態度？

2. 面對完全陌生的前路，你會否繼續前進？

求平靜禱文

神啊！願祢賜我們平靜的心接受那不能改變的事實；賜我們勇氣改變我們能力可及的事；並賜我們智慧作分辨。阿們。

——賴賀．尼布爾（Reinhold Niebuhr），《求平靜禱文》

背景資料

《求平靜禱文》的作者賴賀．尼布爾（Reinhold Niebuhr）是於一八九二年在美國密蘇里的維特城（Wright City）出生。父親乃德裔移民，任職德語教會牧師，留下敬虔、嚴謹的典範，母親較傾向美國文化中的平等及自由精神。

《求平靜禱文》給人的印象是教導人作智慧的選擇，針對個人生命歷程中重要時刻的考慮和掙扎。人生總有失意的事，面對現實、接受已經發生的事不能逆轉乃是一種勇氣的表現。在面對無奈的時候，放下消極的情緒、尋找改變未來的可能性，更是智慧與勇敢的結合。尼布爾的禱文教導我們向神祈求分辨的智慧，弄清楚甚麼是可為、甚麼是不可為。若果我們單以《求平靜禱文》來理解尼布爾，我們會將他視為有深度的靈修大師，以為他的神學思考主要以人的心靈掙扎為主。其實，尼布爾的思想重點是基督教倫理。

一九〇八年，十八歲的尼布爾入讀艾蒙荷斯學院（Elmhurst College），一九一二年獲文學士學位，畢業後入讀伊甸（Eden）神學院，一九一五年畢業，一九一六年被按立為牧師。一九一九年開始在伊甸神學院任教神學及倫理學。一九二一年夏天在芝加哥大學暑期進修，一九二二年到耶魯大學進修神學，一九二四年獲哲學博士學位。畢業後任艾蒙荷斯學院院長，一九二七年重返伊甸神學院任教。其餘一生都著力倫理學研究，一九七一年去世。

尼布爾十分關注基督教信仰跟社會秩序間的關聯。因此，我們亦需要按此思路詮釋《求平靜禱文》。尼布爾提醒我們在社會變遷的過程中，認清甚麼是歷史發展的大氣候，甚麼是尚未確定的機會。究竟如何作出評估，乃是從神而來的智慧。

現況反省

踏入二〇〇二年，香港有青少年人在除夕晚上破壞文化中心外的盆栽及發生警民衝突事件。傳媒訪問社工界人士，表示香港現時青少年缺乏成就感，在學校感到沮喪失敗，畢業後又難以找到工作，因此有不少被壓抑的情緒需要宣泄。有議員建議增加社會服務經費，加強青少年服務資源。

若果我們以尼布爾的《求平靜禱文》作時代處境反思，我們會反問青少年是否不能避免以破壞公物來發泄情緒的呢？我們體諒這群青少年在一個充滿壓力的社會中容易出現反叛行為，可是我們也要警覺，人不能無止境地宣泄情緒，甚至破壞公共秩序，傷害別人。雖然香港經濟衰退、人心承受壓力乃鐵一般的事實，究竟我們應該鼓勵人在節日狂歡，發泄心中的苦悶，還是勸人腳踏實地尋找出路呢？在人心惶惶、缺乏方向的香港社會，我們並不需要火上加油的言論，亦不是政客爭取政治籌碼的宣傳，我們真正需要的，是從神而來的智慧，洞悉時弊，以神的標準恢復社會的秩序。

默想問題

1. 以平靜的心接受那不能改變的事實跟懦弱有何不同？

2. 對於你有能力改變的事，你有沒有因著害怕別人的言論或自己的軟弱而不敢正視？

3. 如何分辨甚麼是不能改變的事、甚麼是能力可及的事？

追求內心平靜禱文

主啊，我願意追求內心平靜，願神祢賜下祝福的確據，讓我們不會被任何事情奪去內心的平靜。不管是我們自己的情緒變化，不管是我們愚昧無知的屬世慾望，亦不管是我們任何的理想或渴求，都不會充塞我們的內心。

——祈克果，《追求內心平靜禱文》

背景資料

祈克果（Soren Kierkegaard）在一八一三年五月五日生於丹麥的哥本哈根，他在七兄弟姊妹中排行最小，父親乃羊毛商人，四十歲退休，五十五歲生祈克果。他們父子雖然年齡差距甚遠，但彼此相聚的時間甚長。不過當祈克果長大後，父子關係變得緊張，後來兩者重修舊好。

祈克果對形式化的基督教感到討厭，他致力追求內心的信仰真誠。他強調每個人都應該為自己的信仰作出抉擇，這種抉擇並非買一份報紙，吃一頓飯等無關痛癢的決定，信仰的抉擇牽涉人的整個存在意義，是人生命的依歸。

他形容信仰的抉擇促使人作出信心的跳躍(leap of faith)，用屬靈的眼光看人生。由於他重視個人存在意義的追尋，對真理的探索，令他對屬靈生命成長的了解偏向存在主義進路，輕視群體的取向。他的長處是讓人在群眾盲目追隨某位領袖、某個口號的時候，能夠抽離地作獨立的思考判斷。他那種特立獨行的性格令人感受到一種高雅的哲人風骨，但缺點是保存個人主體性的時候，難免有眾人皆醉我獨醒的驕傲，未能俯就群眾的軟弱，令一般群眾覺得高不可攀。話說回頭，若果祈克果沒有這種撥開雲霧見青天，在虛偽表面的建制教會生活中發掘基督信仰真實的堅毅氣魄，亦不會成為存在主義神學的一代宗師。

解說意義

一個願意追尋上帝的人，內心有各種複雜的情緒交織在一起。一方面我們有對神愛慕的心，另一方面我們有自我成就的願望，此外我們亦有成長過程中各種對人生際遇的感觸。還有，我們會有疾病、至親離世……等突如其來的衝擊。究竟我們如何可以保持內心的平靜呢？有些時候，我們以否認的方法來面對自己的內心世界，不過這並不是最有效的方法，因為否認只會使人不敢面對現實。對基督徒來說，祈禱是最佳方法，只有當人在祈禱當中，才會經歷從上而來的力量，紓解心中的鬱結、開通我們的心靈、清洗過濾我們心中的怒氣、消融我們的憤怒和不滿，將我們憤世疾俗之情化為靈命更新及積極事奉的動力。很多人渴求在事奉中重新得力，不過卻無法將乾枯的心靈重新振作起來。其實我們首先要安定內心，使我們不安的心情平伏下來，又使我們變得消沉的心志恢復暢通流轉，如此我們才能感覺有一種「不為所動」的能耐，在面對自己內心情緒變化的時候有更敏銳的觸覺，能夠盡快作出補救。中國人有句話「求其放心」，意思是尋求那放任無際的心，使內心恢復本位，相信這句話頗能表達《追求內心平靜禱文》的神髓。

《追求內心平靜禱文》教導我們祈求不要讓任何的情緒擾亂我們平靜的心。內心平靜並不表示毫無情感，像希臘哲學所理解最完美的狀態或最高的境界就是沒有情感。基督徒所理解的最完美狀態就是神與人有一種水乳交融的關係，藉著屬神的眼光調校人的情緒。很多時候我們內心充滿物質的慾望、對人的偏見、對事業的野心等，以致我們運用了這些價值觀處人處事，亦從這些角度解釋發生在我們身上的事情，結果我們陷入在自我執著的困境當中，無法跳出由自己築成的圍牆，無法突破自己的盲點。不過，當我們常常禱告，求神淨化心靈，使我們不因外在的變化而動搖對神的信心，擾亂我們心中的平靜。《追求內心平靜禱文》教導我們除去心中繁雜的思想，內心常常充滿平靜，感覺自己安穩在神手中。

默想問題

1. *香港生活繁忙，連走路的步伐也較其他國家急促，在這樣的環境下，你如何能保持內心平靜？*
2. *以下的三分鐘，讓我們放下一切，除去心中的雜念，靜默三分鐘，以享受這段安寧，單單享受著與神同在的甘美。*

增強盼望禱文

神啊，我相信祢，求祢增加我的信心；我的盼望在於祢，求祢增強我的盼望。我愛祢，並願意愛祢更深，比一切其他的更深，求神將愛賜下，使我的生命全然屬祢。

——佚名，《增強盼望禱文》

現況反省

最近香港社會關注「雙失青少年」，即既失學又失業的青少年。這群中學未畢業，沒有一技之長的青少年，在社會上難以謀生，最容易誤入歧途，淪為被人利用作奸犯科。若果要解決「雙失青少年」的前途問題，不單要增加資源提供培訓，更重要的是要教導這群青少年學習自重，珍惜生命，努力奮鬥。造成他們失業的原因不單是經濟衰退這些大氣候因素，更重要的是他們個人生命的態度。失業背後是失學的問題，失學的成因可能是無心向學、反叛破壞的心態造成的後果，又或者他們已經盡力，但是成績仍然不合格。對於自暴自棄的人來說，要改變他們並不容易，不過我們必須讓他們明白考試失敗並不等於整個人生都失敗。我們需要教導這群青少年如何面對失敗，如何在挫折中站起來，自強不息。每一個社會都有考試制度，總會有人因為不合格而被淘汰，問題是自己有沒有發奮圖強。

筆者曾經聽過有同道批評輔導事工的負面作用是令人失去拚搏心、愈來愈令男士「女性化」。筆者覺得現時香港社會瀰漫著一種等待別人替自己解決問題的氣候。其實每個人都應該為自己的人生負責任，與其埋怨社會不公平，自己的際遇坎坷，倒不如鼓起勇氣，咬緊牙關堅持下去。最近有藝人宣佈破產，但強調人格尚未破產，這句話很有意思。面對艱難的日子，我們要學習盼望和有勇氣。青少年人心智尚未成熟，心靈容易受到創傷，遇到挫折或失敗容易變得憤世疾俗、自怨自艾。在這個艱難時期，他們最需要一種生存的勇氣，在無奈的歲月中學習盼望。

解說意義

基督徒的信仰並非無痛的心理寄託，而是有血有淚的人生掙扎與經歷。筆者重視教義及信條，但卻要指出這些先賢的神學反省乃建基於他們的經歷。若果我們的信仰只重教義信條，卻漠視生命的經歷，結果我們所有的只是無情的信仰，不吃人間煙火，更不能面對現實的精神建築。《增強盼望禱文》提醒我們要面對現實，我們活在一個既由神掌管，但卻充滿罪惡的世界。我們就是每天依靠主的力量面對生活的難題，盼望神賜給我們出人意外的平安。基督信仰真實之處就是在人絕望無助之際產生對生命的熱愛。最近有前輩分享「信仰必然是在世而屬世」的觀點，他並非鼓勵信徒貪愛世界，而是要我們堂堂正正地面對現實，在每一個難關中深信上帝的主權。他更苦口婆心的提醒筆者，那些懸浮在半空的屬靈術語最容易使人逃避現實，更可悲的就是自我膨脹，將自己神化。筆者完全同意信仰必然要落實在現實生活裏，觸及人的喜怒哀樂、成敗得失、生死禍福。這位前輩提醒我們基督徒並非追求一種「抽離人間」的信仰，而是學習以來世的盼望激發在世的日子活得精彩與充實。

「人窮則呼天」，當人走進人生的「死胡同」，在人生困局中找不到方向和出路的時候，唯有歸向神，全然相信神的主權和能力，深信祂會帶領你走出困境，信心就是這樣磨煉出來。盼望就是推動我們披荊斬棘的力量，愛心就是當自己脱離危難以後對有類似遭遇的人的同情與關懷。信仰的生命就是發乎深情與至誠，依靠神的力量奔走人生的路。

《增強盼望禱文》教導我們從內心投靠神，求神增加我們心靈的力量，深信艱苦奮鬥將會帶來新的希望和出路。所謂「哀莫大於心死」，沒有盼望，沒有鬥志，是人生的悲劇。《增強盼望禱文》鼓勵我們將信心投放在神的主權上，深信我們不能承擔的難題，神都會賜下力量幫助我們解決。

默想問題

1. 當你在生活上遇到困難，你通常會怎樣做？積極地找出路？很容易便放棄？

2. 在現實生活裏，主耶穌能否給你盼望？

3. 你如何看自殺這回事？為何人會自殺？

自省及赦罪

耶穌禱文

主耶穌基督，上帝的兒子，憐憫我這個罪人。
——東正教禱文，《耶穌禱文》

解說意義

最近反省一個問題：究竟我如何經歷靈命的更新與成長呢？在個人方面我應該如何實踐呢？在教會方面我應該怎樣做才令自己靈命成長呢？一個資深牧者提出現代人生活忙碌，在屬靈操練方面往往有心無力，因此我們需要務實地提出一些可行的都市靈修方法。當我反省如何鼓勵活在國際大都會的弟兄姊妹與神親近這課題的時候，我想起《耶穌禱文》。一篇簡短的禱文容易記憶，不管我們在上班路途上、在午膳後稍作休息的片刻，或在晚上睡前，都可以成為我們的隨時禱文。

從內容上看來，《耶穌禱文》主要以認罪為重點，對自身作出非常負面的評價。當我們不斷重申自己是一個罪人的時候，必定觸發內在的罪疚感。當然有些弟兄姊妹認為過分自責會對心理健康造成惡果，不過《耶穌禱文》並不是一面倒的自我否定，而是從神的角度認識自己。

《耶穌禱文》一開始便宣認神的兒子耶穌基督，然後虔誠地祈求神的恩典，赦免我的罪。其實當人在神面前坦然承認自己的真相，毫不保留地向神訴説自己的軟弱時，是可以為煩惱的心靈帶來平靜。不少人為了掩飾自己的虛偽而終日假裝度日，內心實在痛苦，總是擔心有朝一日被人發現。有些人不斷粉飾自己，以致令自己覺得在神面前配得成為神兒女的名分。不少人勉強自己扮演另一個人，另一個自己，以致可以安心相信神的接納。其實這樣做無補於事。只有當人坦然來到神面前，承認自己的本相就是如此軟弱，我們才能夠更深一層明白神的愛是何等的偉大。認罪悔改，求神憐憫並非弱者的表現，亦不是心理不平衡、不健康的現象，相反卻是人神關係進深的第一步。

當我們重覆背誦《耶穌禱文》的時候，會產生一種內在化的作用，將語言所承載的意義植根在心靈裏面。最近不少弟兄姊妹喜歡探討自己的性格類型，了解自己的氣質，這是十分有意義的，所謂人貴自知，我們應該對自己的性格、優點及缺點有透徹的了解，然後作正確的選擇。不過，一個人的真正本相需要從神的角度來了解，才算對人作出最全面、最徹底的評價。

現況反省

基督徒相信神是宇宙的創造主，亦是人類的救贖主，也是人生命的聖化者，人不能離開這位三一神而生活。人生的終極意義乃建基在上帝那裏。因此，我們極需要緊握人乃神所造的事實，不過被造的人雖然有神的形象，有尊貴的生命，但可惜都離棄了神的領導而生活，結果陷在罪惡的網羅中。現代人生活在一個價值相對化及多元化的社會，對錯與否是觀點與角度的分別，因此人就淡化了普世有效的真理，取而代之就只有人的意見與觀點。有人更索性將罪的信息取替，換上「成功福音」的內容，鼓勵人以「多勞多得」的心態親近上帝。

近代世俗化社會出現宗教復興現象，人對宗教有極大的訴求，不過不少人卻抱著宗教消費主義來接觸宗教。究竟基督教信仰為現代人提供甚麼屬靈的出路呢？是否只是一種錦上添花的福音，只要人按自己的方法處理生活，在事業有成之後尋找心靈滿足，然後在既有的人生觀及價值觀上進行屬靈建築呢？嚴格來説，這是沒有重生的表現。若果基督徒沒有經歷重生，根本不能體驗靈命成長的真實。可惜不少基督徒都以洗禮為終點，披上基督徒的名號卻沒有基督徒的內涵。若果沒有經歷重生，就根本談不上甚麼屬靈操練。很多人就是缺乏屬靈生命力，但卻不願正視自己的本相，以為透過一些形式或方法可以改變自己，其實這是一種幻想。人根本不能憑自己的能力改變，任何外在形式化的改變只不過是短暫的，唯有發自內心的改變，對神的渴慕，才能使人獲得心靈真正的滿足。《耶穌禱文》可說是粉碎人自高自大，教人謙卑的上佳禱文，同時亦是提醒我們要徹底歸正，讓神審查、讓神改造的重要信息。

默想問題

1. *有人為了掩飾自己的虛偽而裝假；有些人不斷粉飾自己，以致令自己覺得在神面前配得成為神兒女的名分；更有不少人勉強自己扮演另一個人，另一個自己，以致能安心相信上帝的接納；你認為這三類人能安心過活嗎？*
2. *承認自己是個罪人有何難處？*
3. *上帝眼中的你是怎樣的？*

靜思己過

主啊，求祢幫助我誠實地面對自己，幫助我聽見自己的說話，如同別人所清晰聽見一樣；看見自己的面孔，如同別人清楚看見一樣。讓我誠實地承認自己的急躁和欺騙，認清自己的憤怒和自私。求主賜我有足夠的謙卑去接納自己是如此的軟弱，賜我恩惠，最低限度在祢的臨在中，我會說一聲：「我錯了，請祢饒恕我。」

——法蘭克．杜平，《靜思己過》

禱文導賞

杜平的《靜思己過》禱文，可以歸納出認罪的四部曲：第一是誠實地面對自己；第二是承認自己的軟弱；第三是求神賜恩典接納自己；第四是懇求神的赦免。

解說意義

誠實地面對自己是一件不容易的事。我們通常會從自己的角度看自己，因此我們總會覺得自己是好人，心地善良，比上不足，比下有餘。不過我們甚少從別人的角度看自己，這正是我們思考的盲點。人往往喜歡聽讚賞的說話，討厭批評或指正。當人走向自我完美化、絕對化的時候，就會產生錯誤的自我評價。當人的名聲、權位愈來愈高的時候，就更加難以接受自己的錯誤。所謂忠言逆耳，可惜人最愛聽甜言蜜語，最難學曉從多方面評價自己。有人說以古為鑑，古人的教訓像一塊鏡子，讓我們被審查、被照透。從別人的角度看自己，可以幫助我們更全面地了解自己。

承認自己的軟弱，對現代人來說是困難的，因為很多人要扮演強者的形象，彷彿自己無所不能。其實神沒有要求我們在祂面前掩飾自己，我們不必在神面前逞英雄。我對靈修學有興趣，並非我的靈命比別人好，相反是由於自己與神的關係未夠密切，令我感覺有迫切需要親近神。對一個神學工作者來說，最大的悲劇就是自以為是專家。其實我們對神的認識相當有限，若果要充當別人的師傅，充其量我們是比別人起步早了一點而已；總有一天會出現一個青出於藍的學生，比自己更出色。

求神賜恩典接納自己是一種蒙福的途徑。我就是我，神愛的我就是這個既有優點又有缺點的我。神沒有要求我要首先改好自己，才接納我。神首先愛我，然後激勵我作出改變，以愛還愛。其實我是一個對家人粗心大意的人。

例如我要專心工作以致在家庭生活上有很多的缺點，但感謝神，我的太太以愛心接納我；因此，我亦以行動表示對家庭生活的重視——每逢星期五黃昏，我們會陪伴女兒踏單車，到兒童遊樂場遊玩，晚上不用太太下廚，到外面吃一頓「街外飯」。在神的恩典下，我開始接納自己的有限，亦樂於活在自己的限制裏，珍惜神賜給我身邊的親人，不以追求學術上的成就而荒廢家庭生活。

懇求神的赦免，是當我們發現理想與現實的差距以後，更加了解自己的軟弱，誠懇地向神向人説一聲：「我錯了，請祢饒恕我。」基督徒有一種特別的福份，就是向神求赦免。一個口硬心硬的人，死不悔改，死不認錯，只會在心靈裏累積罪疚的指摘。當我們累積愈多罪疚，就會覺得自己罪無可恕，結果就自動喪失回轉的機會。神樂意看見我們心裏充滿平安喜樂，可惜我們自甘放棄機會，承擔著罪疚的擔子遠離神。我們信主的人明白求神赦免的道理是十分有福，不過，我們還要學習向人道歉，同時要克服很多心理障礙。感謝神，這個功課實在值得學習。

默想問題

1. 是甚麼令我們不願意正視自己的軟弱？

2. 我們如何才能聽清楚自己的説話、看清楚自己的面孔？

祈求赦免禱文

最慈悲的天父，祢除去真正悔改之人的罪孽。我們藉主耶穌基督之名來到祢寶座前，願祢單單基於耶穌基督的緣故，憐憫我們，並撥開阻隔我們之間的雲霧。

——約翰．哥歷，《祈求赦免禱文》

背景資料

約翰．哥歷（1467-1519），羅馬天主教改革者之一，一四八三至一五〇四年進修道學博士學位，曾經研讀奧古斯丁及彼得．龍巴都（Peter Lombard）的著作，在牛津大學任教期間轉以教授保羅書信為主。他由經院哲學轉往聖經，尋找教會更新的亮光。他重視恩典與人的意志的合作，使人的意志被轉化。他所持的是溫和的稱義觀，著重神的愛轉化成對鄰人的愛，甚至愛仇敵。

現況反省

《祈求赦免禱文》提醒我們不是依靠補償的行動獲得上帝的赦免，而是單單基於主耶穌基督的犧牲而獲得罪的寬恕。可惜有時我們卻本末倒置，以為當我們多禱告、多讀經、多事奉的時候，神會更樂意赦免我們的罪。因此我們仍然帶著將功贖罪的心態親近上帝，或更嚴重的懷著罪疚感事奉上帝，以為當我們為主犧牲更多，神就會赦免我們更多。若果我們懷著此種心態親近上帝，就明顯地輕忽主耶穌基督十字架的救贖。我們能夠獲得神的赦免，完全是建基於主耶穌基督的捨命，與我們的愛主程度、事奉的熱誠無關。

多少時候，我們總會覺得與神有一種無形的隔膜，我們在回憶裏面常常感到自己距離神的聖潔，遙不可及。我們甚至覺得自己的靈命沒有長進，舊我依然活躍。在這情況底下，我們會信心動搖，懷疑上帝是否已經赦免我的罪。奧古斯丁曾經在心靈的剖白中表示過去的回憶使他有深深的罪疚感。哥歷亦是順著保羅、奧古斯丁的路線，肯定救恩單單出於主耶穌基督。他關注的是在上帝恩典激勵底下，更新人的意志，以愛回應上帝的拯救。

解說意義

《祈求赦免禱文》提醒我們以愛還愛，不是以罪疚感還愛。每當我們抱著補償罪疚的心態親近上帝、事奉上帝的時候，我們必然陷入情緒低落、內心矛盾的境況中。靈命更新需要我們對準主耶穌基督的無條件拯救，讓我們坦然無懼接受上帝的赦免，以真誠的愛回應神的大愛，以感恩的心參與事奉。靈命成長的關鍵並非在於一些簡易的應用步驟或階段分類，而在於其神學基礎。十架神學可說是人神關係重建的基礎，沒有十字架的救恩就談不上因信稱義，沒有稱義也談不上成聖。因此，我們實在需要在靈命塑造的課題上，除了引用心理學及輔導學的知識以外，建立起堅固結實的聖經及神學基礎。

《祈求赦免禱文》指示另一個更深的屬靈道理，在愛裏沒有懼怕，亦沒有罪的阻隔。我們不必像猶太人藉著獻祭補償罪過，因為主耶穌基督已經充當了那獻祭的羊羔。主耶穌基督已經在十字架上救贖我們，我們所要作的，就是以信心相信神的應許永不落空，以愛心待人處事，以盼望的態度等待上帝帶領我們完成在世的使命。在更正教神學傳統裏，偏重以法庭式觀念解釋稱義純粹為發生在罪人以外的一種地位轉移，甚少詳細解說內在生命更新變化的過程。縱使在加爾文的思想裏面蘊含這些成分，也盡量避免開展人神聯合的課題。從聖經看人神關係，著重在愛裏聯合。這種聯合並非指本性上混合，而是關係上的建立與在人裏面被扭曲的上帝形象得以重新恢復，使人在靈裏面與神感通，參與在上帝的神聖與聖潔中。筆者認為華人教會對輔導學、靈修學等知識吸收得很成功，可是現在正是在神學層面進行深化的時候，願以此互勉。

默想問題

1. 你相信當我們多事奉、多讀經，神會更加樂意赦免我們的罪嗎？

2. 看罷此文，你認為神赦免人的罪的核心是甚麼？

勇於自省禱文

主啊，我敞開我的心靈，讓祢看透內裏的祕密；我所寄望的主啊，請祢檢查我的心思，除去錯誤的偏情，讓我的眼睛仰望祢，並讓我的腳步遠離恐懼。

——奧古斯丁，《勇於自省禱文》

（內容經筆者整理）

解說意義

《勇於自省禱文》指出人有偏情，意思是不正確及不正常的情緒反應。最近與一位同道有頗深入的分享，內容關於在事奉上不願介入權力遊戲的心態，其實背後可能牽涉了一些偏情的因素。看輕權力，看重服侍本來是清高純潔的表現，不過走向極端就會產生心理上的偏情和對權力的恐懼。在教會裏，有些同道甘心樂意事奉上帝，卻對承擔某些職位充滿戒心。他們不是推卸責任，只是希望避免開罪人，擔心在擔任帶領工作時被傷害，寧願退居二線，存著只要上帝的工作有進展，自己就心滿意足的態度參與事奉。

可是經驗告訴我們，這種良善的心態亦可以被誤解，甚至被視為缺乏承擔的表現。究其原因，避免牽涉在權力活動的心態極可能在我們成長背景中對權力缺乏正面的經驗。一個缺乏權威形象底下成長的孩子，往往沒有安全感，性格上變得被動、羞怯、缺乏信心和勇氣，同時亦需要被照顧、被呵護。因此，不少青少年心底裏需要被補償、被肯定，性格不能成熟獨立，情緒亦起伏不定。一個在缺乏權威形象底下成長的人，接受了耶穌基督的福音，開始重建自我形象，不過在踏上事奉的道路後，需要正面處理恐懼權力的原因。若果我們在成長過程中遇上父母關係不和，心靈留下創傷，或者對父親有抗拒的心理，都會令我們厭倦複雜的人際關係，更無心為群體承擔責任，因為家庭留下的包袱已經令我們透不過氣來。在這種心理狀態底下，我們在屬靈生命上自然難以成熟。

曾經有一位德國朋友告訴筆者，說這一代德國中年人可說是無父的一代。當希特拉發動戰爭後，不斷征召壯丁入伍，到戰況危急，盟軍迫近德國國境時，連十來歲的青年也要上戰陣。大戰結束，德國留下不少失去父親、失去兒子的家庭，很多被盟軍炸毀的房屋都是由婦女一磚一瓦的堆砌起來。戰後成長的德國孩子，大多失去父親的影子。其實在現代社會生活中，不少男士埋首工作，忽視家庭，豈不是讓家人活在「無父一族」的境況嗎？後現代思潮粉碎思想上的權威，令個人主義變得更自我，甚至漠視社會規範。現代人在傳統價值崩潰後，活在一個道德相對的世界。難怪有人將權威的失落歸咎人對父上帝的淡漠。

近年靈修學提出透過重建人與天父的關係，作為治療人失落父親形象的方法。輔導界亦有提出男性需要學習表達自己的情緒，建立緊密的家庭關係。曾經有同道批評現時對男性輔導的方法太女性化。其實，這些心靈治療十分重要，不過筆者認為我們需要處理人對權力的恐懼，對權力的盲目順服，或者追求權力、濫用權力等心態背後的心理原因。我們需要學習天父的性格，公正地運用權力，使公義獲得彰顯。針對男性的心靈治療，是要幫助男性成為一個神眼中的「男人」。

《勇於自省禱文》教導我們勇於在上帝面前敞開自己的心靈，讓神察看內裏的隱情，讓神除去那些負面的情緒，特別是對權力的恐懼，讓我們學習「天父的心腸」運用權力，承擔責任，使我們勇敢而不剛愎自用，雄心勃勃而無霸氣，在自己所處的崗位合宜地運用權力，不畏首畏尾，不仗勢欺人，公正地服侍上帝。

默想問題

1. 你的情緒有沒有成為與天父建立關係的障礙？
2. 你的心靈有沒有堆積一些不必要甚至是污穢的垃圾？你可用甚麼方法清除？

避免妄下判斷禱文

生命的主啊，願祢使我的靈性不致變得散漫、失望、追求權力，甚至胡言亂語。願主賜給祢僕人一顆渴慕追求祢的靈、謙卑、忍耐、愛人如己。主我們的王啊，願祢使我看見自己的過犯，免致處處審判我的弟兄姊妹，因為祢由始至終都應受頌讚。

——以法蓮，《避免妄下判斷禱文》

現況反省

從事教育工作的人，由於接觸學生數目龐大，累積不少活生生的個案經驗，久而久之，就十分容易將學生分門別類。同樣，在社會工作愈長的人，亦自然地按過往的經驗將不同作風的人歸類。有些時候，我們的經驗、直覺相當準確，能夠慧眼識英雄，或者看透別人性格上的長短處等。可是有些時候，我們亦會有「斷錯症」、「有眼無珠」、「走漏眼」的情況。因此，我們實在需要小心，切勿在未有足夠了解之前，對人妄下判斷。

在工作上，我們會發現從不同職分的角度看同一件事情，大家都有不同的看法。從個體的眼光出發是一件好事的，從整體的角度卻可以是另一回事，反過來説亦然。在教會事奉上亦有類似的情況，甚至在家人、朋友的相處上亦有常見的情況。可惜的是人往往被先入為主的成見控制，作出愚拙的行為。當人被某種觀點主宰自己以後，就帶著思想上的盲點處理事情。縱使懷著善良的動機，結果是招致被誤解，甚至被傷害。至於與他共事的人亦會基於先入為主的假設，以陰謀論詮釋有關的言論及行動。最可悲的，是由於彼此的成見太深，演變出互不信任的局面。其實，這正是彼此妄下判斷所帶來的悲劇。

解説意義

《避免妄下判斷禱文》提醒我們首先在心靈裏將一切負面、消極的情緒消除，並以清潔單純的動機思想行事，放下一切權力野心、私慾，用批判性欣賞的態度看待別人，讓我們評論人的功過的時候，可以有更多欣賞和肯定。同時，我們要謹慎自己的言語，切勿觸動不必要的紛爭，白白將溝通對話之門關閉。我們要學習放下成見的功課是何等困難，對一些位高權重卻無專業知識的人來說更加困難。他們以為一切以行政指令執行，就可以解決外行領導內行的困難。很多時候，我們基於片面的認識和印象，作出了影響深遠的重大決定。我們充滿自信地實現心中的計劃，可惜卻錯誤估計實際情況。其實一個經驗豐富的人亦可能會作出錯誤的決定，所以我們應該首先虛心地接受別人的意見，看見自己的不足及錯誤，這樣的誠意將會獲得更多的尊重。

反過來說，我們要找出別人政策失誤並不困難。一個懷有使命感的人，不會單單著眼於自己的經驗和能力，而是相信上帝可以藉著人的有限成就神的計劃。所以，他必然有疏忽之處。重要的是我們要有批判的欣賞，在指出錯誤的時候以事論事，避免妄下判斷的錯誤。很多時候，我們沒有反省自己對別人的判斷是否公平，我們並不樂意在這個不能被自己接納的人身上尋找可以被欣賞之處。我們自己將溝通之門關閉，從來不會嘗試由別人的優點開始，建立溝通的渠道，進而尋找合作的空間，達致互相欣賞的地步。

妄下判斷使我們行事愚昧、製造紛爭，同時令我們先入為主地對別人作判斷，對事情作負面詮釋。《避免妄下判斷禱文》提醒我們時刻反省自己對人對事需要放下成見，不要執著自己的見解就是絕對真理；以互相尊重、彼此信任的態度，共同創造未來，完成上帝在我們身上的旨意。

默想問題

1. 請想出一些能避免自己妄下判斷的方法，例如不要輕信傳言等。
2. 請檢視一下，自己在言語上不自覺地誇張失實，例如當身邊有三數個好朋友喜歡吃日本菜，便會不自覺地説成有「很多」朋友都愛吃日本菜。

安慰與醫治

忍受困苦禱文

主啊，我是何等軟弱，無力向祢祈求承受困苦乃一種恩賜；不過卻願意懇求祢賜下恩典，讓我在祢的愛及智慧中迎接困難。主啊，讓我學習祢如何面對困苦，使我可以承受傷痛、失望、指摘、拒絕、焦慮等艱難。

——約翰·紐曼，《忍受困苦禱文》

現況反省

曾經看過一個關於基因研究的特輯，其中一段是研究新入伍士兵的基因與忍受嚴格體能訓練的關係。研究結果指出，人類的基因循兩種方法指示身體適應嚴格的體能訓練，其中一個方法是強化肌肉組織，產生更大的力量；另一個方法是使肌肉組織縮小，使體型變得瘦削，減少能量消耗。研究亦指出士兵的持久力愈高，壽命亦會相對增長。有趣的是衝刺力愈強的人，壽命會比持久力強的人短。看過這特輯後發現，原來不少人相信透過研究人類基因是可以預測人的未來，科學家相信人類的基因已經具有決定未來的祕密。這種趨勢對基督徒的禱告生活亦產生衝擊，究竟我們懇切地向神求忍受困苦的能力，還是向科學家尋求將忍受困難的基因植入體內呢？現時人類正努力揭開生命的祕密，嘗試解釋前人無法解答的問題。

同時基因研究亦涉足性格的塑造，本來屬於心理學範疇的課題，現在亦從生物化學的角度研究。近日讀到一本關於人類智商的書，內容將「理智智商」(I.Q.)、「情緒智商」(E.Q.)、「逆境智商」(A.Q.)、「創作智商」(C.Q.)結合在一起，借助九型性格理論，探討人類透過理解自己的性格類型，知己知彼，增強自信心，改善人際關係，甚至改進人事管理方法。近年在心理學、領袖學已經採用這些理論幫助人開發自己的潛能，培養逆境自強、突破自我的能力。在靈修學的發展上，亦出現「性格類型靈修學」，汲取這些理論，結合屬靈資源，使人重建自我。

隨著時代巨輪的前進，新知識的湧現，信仰的演繹需要切合時代，與時並進。筆者並不意外有「性格類型靈修學」，亦不會對日後可能出現「基因序列靈修學」有甚麼驚訝；不過筆者關注的是當我們覺得生命的奧祕可以被解釋，可以透過某個程序被塑造的時候，是否表示人將會成為靈命成長的操控者呢？

解說意義

《忍受困苦禱文》提醒人是何等軟弱，當我們遇上人生困局的時候，心灰意冷，無法看見上帝的臨在，我們有的知識、理論都不能發揮作用，問題並不是我們在理性上不曉得逆境自強，而是心靈願意，肉體軟弱。

《忍受困苦禱文》教導我們將焦點對準上帝，依賴上帝屬靈的能力，面對困難，無論是人的拒絕、排斥、無理指摘，或是自己的錯誤、失敗……，這一切都成為磨煉我們意志的機會。忍受困苦而不對生命埋怨並不容易，忍受困苦而對神存感謝的心更加難得。《忍受困苦禱文》提醒我們所相信的那位聖子耶穌，正是被釘死在十字架的主，祂為拯救人類而忍受苦難，祂的復活成為我們在困苦中掙扎奮鬥的力量。這福音的信息比一切對性格類型的分析或基因序列的研究成果來得更能觸動生命，改造生命。面對逆境，我們無法逃避，唯有堅忍地拚搏下去。筆者並不同意輔導困苦者無需處理「為甚麼？」(why)的問題，而只需要探討「如何？」(how)的問題。我們應該因時制宜，在適當的時候引導受助者找到解決問題的方向，切勿太早糾纏於未必有可以解答的意義問題。不過，沒有一個合理的答案，未必可以支撐我們在逆境中奮鬥下去。在逆境中自強，更加需要從天地的主對我們的愛與拯救中得著力量，使我們不再孤單作戰，自亂陣腳，而是在風浪中深信主必帶領我度過。願以此互勉。

默想問題

1. 複製基因的科學革命對你在信仰上帶來甚麼衝擊？

2. 神為何容許我們經歷困苦？苦難的奧祕是甚麼？

抵抗試探禱文

神啊，我們的父，我們是何等柔弱，我們往往對於富德行及崇高的工作有心無力。願祢使我們的軟弱變為剛強，在屬靈爭戰中勇敢，消除我們漠不關心及懦弱的情緒，為我主耶穌基督的緣故擊倒我們心中的不信。

——奧古斯丁，《抵抗試探禱文》

解說意義

最近在前輩的鼓勵下，開始思想神學與輔導及牧養的整合。在重溫一些人格成長理論的時候，對不同人生階段心理特徵與危機加倍留意。二十至四十歲乃適應階段，心理危機是親密與孤單之間的張力。而四十至六十歲乃成就期，心理的危機是生產力與停滯不前之間的矛盾。按照亞伯拉罕．馬斯勞的心理需要理論，人由求生存、追求安全感、社會關係、自我形象建立到自我實現，邁向一個層層上升的歷程。當人踏入四十至六十歲的階段，亦即中成年期，內心的爭戰往往帶來屬靈上的試探。當人在廿來歲的時候拚命奮鬥，希望有朝一日出人頭地，天天勤奮學習、工作，晚晚挑燈夜讀，目的是爭取好成績，完成一個又一個的學位。又或是全情投入工作，以求上司賞識，以工作效率及表現搏取晉升。當人衝刺了十多年，在社會中混了一段日子後，所得到的是甚麼呢？一紙文憑、高薪厚祿、開創自己的事業、實現自己的理想……。現實上不滿自己際遇的人總比心中無憾的人多。一個看來指揮若定的高級行政人員可能在內心充滿自卑、矛盾、不安。究竟我們這些步入中年的基督徒，可以如何禱告，經歷神所應許的平安呢？

奧古斯丁的《抵抗試探禱文》是一篇觸動人內心的禱文。當我們在拚命工作，不懂得休息，心中感到疲乏的時候，我們就需曉得向主祈求勇氣及剛強。最近筆者首次發現自己要除下眼鏡才能夠看到藥盒上的細小中文字！有一位年長的弟兄安慰我說：「不一定是老年人才有老花的！」這句話令我感到自己雖仍然在精壯階段，不過身體機能退化、精力和心力則每況愈下，這是不能改變的事實。當人意識自己開始衰老的時候，內心並不好受，總會想到心中有很多大計是否需要降低要求，甚至放手呢？若果要放棄，又心有不甘，有「如此就度過了黃金歲月」的感受；若果鼓起勇氣再戰江湖，又擔心精神不能負荷重大壓力。人就在生產力與停滯不前之間游離。《抵抗試探禱文》教導我們求神賜我們勇敢，消除無助及懦弱的情緒，將心中的不信擊倒，體驗主凡事帶領的應許。

當人在成長過程中遇到心理危機，經歷內心在爭戰，心靈被自卑感、挫折感困擾，缺乏安全感或成就感的時候，亦即是最需要回歸上帝的時候。《抵抗試探禱文》教導我們無論在甚麼境況下、怎樣軟弱無力，只要當我們向神禱告，便會經歷從新得力的真實。試探不一定是外在的事件，同時亦可以是由內心產生。人要學習適應不同的人生階段，接納自己的生理轉變，欣然在自己的人生路上繼續盡心事奉，在有限中成就神的旨意。不能接納自己的限制必然成為一種內心的試探，使人陷入情緒冷淡的困境。《抵抗試探禱文》提醒我們首先認清自己的不信，坦然向神祈求加添信心，面對自己的軟弱。

默想問題

1. *你現時處於人生的哪一階段？你對自己的能力和現況有何評價和寄望？*
2. *你是否勇於承擔那些富德行和崇高的善行？抑或常常對此感到有心無力？*
3. *禱文暗示上帝應許我們有克勝的能力，只是我們缺乏勇氣，以致心中不信。你今天的力不從心，是不是懦弱和不信在作祟？*

求聖父醫治禱文

父啊，我在深信祢的良善與憐憫底下臨近祢。我是一個尋找醫生的病人、一個對生命活水饑渴的人、對創造者嚮往的被造物、一個尋求上主安慰的飄盪者。主啊，祢是我的一切，亦是我應該渴想的主。祢是我的拯救、幫助及力量。

——多瑪斯．金碧士，《求聖父醫治禱文》

現況反省

最近有前輩分享「敍事治療法」的觀念，令我印象最深的是人生被各種不同的敍事所塑造而成。這些敍事可能來自父母、老師、家人、同學、同事⋯⋯。這些敍事內在化地藏在我們的心靈裏面，成為我們的自我了解。我們在記憶裏面裝滿了這些敍事，潛移默化，深深印在我們的潛意識及下意識中。我們的人格被這些敍事構成，同時亦被其限制。一個心靈受困擾，陷入心理矛盾掙扎境況的人，他需要從這些敍事中被釋放出來。例如在童年階段，當父母責備我們，說我們無用、比不上鄰居的小孩時，我們會感到自卑。學生時代，老師在成績表上所寫的評語亦可令我們感到失敗。當我們處理自己失敗的情緒時，需要正本清源，將過往的敍事進行從新詮釋。很多人以否定的方法回應別人對自己的否定，有些甚至連對方都置諸不理，抱著一種與你何干的態度，我行我素。作為基督徒，我們並非以否定別人來解決自己內心的問題。我們要藉著對上帝的信仰建立自信，以無畏無懼的精神迎向未來。我們要用盼望粉碎無奈與悲哀，使我們的心靈獲得釋放。同時，我們以上帝的愛重建人際關係，以愛接納那些令我們感覺被傷害的人。

為人父母，我們很多時不自覺地將童年的影子反射在兒女身上，我們的父母如何管教我們，亦會在我們的自然反應中顯露出來。對於在父母關係緊張，自幼承受心靈壓力的人來說，為人父母並不容易。我們需要學習了解自己，接納自己，釋放自己，然後才能將上一代遺留下來的心靈創傷終止。我們發現很多缺乏家庭溫暖的年青人，以婚姻作為逃避，後來卻陷入痛苦掙扎中。若果心靈受傷的人在為人父母的時候，不重視自己的「老問題」，便極可能將悲劇重演。

解說意義

《求聖父醫治禱文》提醒我們需要向上帝祈禱，讓我們首先經歷心靈的釋放與治療，然後讓兒女經驗愛的溫暖。一個在被責罵底下成長的孩子，成為父母以後，亦很容易以責罵的方法教導兒女，因為這是一種自然反應，我們從父母的身上學習如何為人父母。縱使我們已經長大，成為獨立的人，可是我們的內心盛載著父母及其他人對我們的敍事。我們不是要否定所有敍事，而是要找出哪些敍事充滿負面成分、哪些需要被改寫。我們以上帝的愛改寫那些負面的敍事，以愛包圍構成負面敍事的人物，例如我們的父母、親人、老師、同學、朋友、牧者、長執、弟兄姊妹、愛人等。我們為兒女身、心、靈祈禱，首先要求神釋放我們的心靈，重新建立我們的性格，才能令我們成為一個稱職的父母。

《求聖父醫治禱文》教導我們要渴求上帝生命的救恩。作為父母，最大的關懷就是兒女的性格得以建立，培養完整的人格。我們今日亦是用不同的敍事塑造兒女的品格，建立他們的自我。因此，我們需要小心選擇傳遞一些甚麼樣的敍事給兒女，我們是否選擇神聖高尚的敍事，塑造他們的生活習慣和品格呢？現代人討厭洗腦式的道德教育，喜歡激發人心的道德典範；後現代社會傾向以敍事作為單元，揭示品格建立的途徑。筆者覺得這兩種方法都有可取之處，能夠幫助人注重道德品格的建立，同時亦能夠成為一種心靈治療與釋放的工具。《求聖父醫治禱文》提醒我們應該渴想聖父上帝，藉著默想天父的父性，學習成為地上的父親，成為兒女的榜樣。

默想問題

1. 試回想一下，每當你心靈遭到別人傷害或遇上重大困難時，你通常會以甚麼方法來處理？

2. 在日常生活中，你有否經常操練「等候神」？

為戰爭中失去親人者禱告

主啊，請祢安慰那些有親人在戰亂中離世者的哀傷心靈。在他們憂傷、孤單及痛苦中支持他們。賜他們信心期盼和平的日子將要來臨，讓他們體驗在基督裏的人，無論生與死，都不會與神的愛隔絕。

——佚名，《為戰爭中失去親人者禱告》

解說意義

靈命成長並非單純是個人安靜獨處、讀經祈禱、默想經文的含意，或者默觀大自然，沉浸於甜蜜的默契經驗裏面。靈命成長除了有個人成分外，同時亦包括社會及世界的向度。我們不能抽離現實社會而空談屬靈，我們過著的是一種「在世而不屬世」的生活，我們的屬靈生命是腳踏實地追求更崇高的意義，在世界中實踐聖經的教訓，以致經歷神與我們同在的真實。眼見世局的混亂，以色列與巴勒斯坦的衝突持續升級，甚至在伯利恆記念耶穌出生的主誕堂也發生槍擊事件，實在令人感到世人根本沒有好好從耶穌的教訓中學習。

作為活在香港的基督徒，我們可以如何為中東局勢變化祈禱呢？《為戰爭中失去親人者禱告》集中為那些戰爭死難者家屬祈禱，讓神的愛安慰他們的傷痛。在死難者當中，有正規士兵，亦有參與抗爭的熱血戰士，亦有難民和老弱婦孺。他們不一定死於兩軍交鋒的前線，可能在眾多人民居住的城鎮被子彈誤中、被炸彈炸死。我們看見一副副無奈的面孔：小孩在父母的屍首前呆呆地站著，老婦為兒子們一個一個離世而悲哀，亦有人在市集中毫無防備地被自殺式炸彈炸死。誰人也難以決定誰更公義，殺人者認定對方罪有應得，受害的一方又會覺得應該「以牙還牙，以眼還眼」。當一個人心中充滿仇恨，報復的意念便會佔據他整個心靈。在戰禍中死者的家人，很容易將民族的仇恨加上個人的仇怨，累積起來便成為一種回憶。當人不斷申訴這種不幸的回憶時，整個世界就只有敵人與自己。我們不能理解為甚麼有自殺式炸彈襲擊的事發生。有時我們以為是宗教教導影響人的價值取向，當然這是合理的推論；不過我們亦需要注意人會將仇恨透過回憶及申訴而擴大，成為以暴易暴及報仇雪恨的理由。

面對國際間的戰爭衝突，我們感到無能為力，可是我們不應輕視代禱的責任。我們求神讓受害者仰望神公義的審判，放下報復或以暴易暴的行為。同時我們祈禱讓擁有各類重型武器的以色列，不要以為消滅異己就可以達致和平。強權霸道的統治根本不能服眾，只有互相尊重，讓人有生存空間的政策，才可以產生和平共存的景象。《為戰爭中失去親人者禱告》亦提醒我們在經歷親人生離死別的時候，體驗生命在神的手裏，信主的人無論在甚麼境況都可以體驗被神的愛懷抱著。在人世間難免有競爭，在良性競爭以外，亦會有各式各樣的明爭暗鬥。在社會日子愈長，防衛機能亦會變得更加熟練，有些時候，成功的慾念驅使我們擴張自己的地界，結果變成寸土必爭，不留餘地。當我們反省中東戰爭危機的時候，我們亦會發現仇恨、報復、侵略亦是我們生活的縮影。盼望在戰爭中殘酷的景象與死難者家人悲哀的場面觸動我們在生活上追求和平的心，並且誠心為那些痛失親人的受害者代禱。一個忍辱負重的人，在出人頭地之後，不能忘記心中的憤恨，終會由受壓迫者變成迫害者。我們人類的歷史就是如此，究竟有甚麼方法打破這個循環呢？就讓我們向神禱告，追求被神的愛充滿，亦學習以《為戰爭中失去親人者禱告》的內容，以寬恕和愛代替仇恨，一起追求公平與和睦。

默想問題

1. 若你的親人在戰爭中死亡，你會有甚麼感受和想法？

2. 請以《為戰爭中失去親人者禱告》作為你的禱告，為那些傷痛的人代禱，求上帝醫治他們的傷痛，又體驗生命掌握在上帝的手中。

3. 我們有沒有輕視了為世界和平代禱的職責？你相信為世界和平代禱會令世界有所改變嗎？

為逝去親友者禱告

充滿慈悲憐憫的神啊，在祢無盡的愛裏，使我們步過死亡的幽暗而進入生命的光明，並向在哀傷中的人施行慈愛。神啊，願祢成為我們的避難所，堅固我們越過憂傷的黑暗歲月，看見祢臨在的光明。主啊，祢的獨生兒子耶穌基督，為我們犧牲，戰勝死亡、復活、建立生命。願神幫助我們繼續前行，當我們度盡在世的日子，可以與基督會面，更可以與我們的親人相聚，抹去一切的眼淚。

——佚名，《為逝去親友者禱告》

現況反省

當我們年輕的時候，甚少想到死亡。接觸與死亡有關的題目往往是在年邁的祖父祖母的喪禮上，因此我們有一種感覺，就是死亡是老年人的事。偶然間，有些個別的例外，就是有兒童幼年喪父或喪母，或者兄弟姊妹中有人病逝，不過這屬於少數。所以不少在年青時代信主的弟兄姊妹往往在頭腦上認信永遠生命的信念，但卻甚少反思死亡將要來臨的事實。對一個年青人來説，前面是一片光明，充滿機會，前途將會由他去闖。這時候對神的體會主要是依靠神的力量開拓未來，實現夢想。當人步入中年的時候，會經歷更多親友離世的事件，有些可能是至親。死亡漸漸由遙遠的地方與我們接近，加上開始越過黃金階段，身體出現大大小小的疾病。以往人壽保險、醫療保險並不流行，現時有較多的人為自己的將來作出準備。一般來説，當兒女還是年幼的家庭比較重視居安思危，不過有些年輕夫婦亦逐漸為人生出現突如奇來的轉變作好準備。在信仰上，這可説是進入具體地思考死亡的階段。

中國人對死亡的課題比較忌諱，甚少正面討論這個題目，亦甚少為自己作最壞的準備。我曾經聽過同道分享，當他出門工幹或旅遊的時候，他都會先處理遺囑的事。當我聽見這種論調的時候，就泛起一種「言重」的感覺。不過當我細心思想之後，覺得實在言之有理。我們習慣了沒有準備死亡地生活，因此當身患不治之症的消息臨到，我們會不知所措。其實，我們信主的人相信罪得赦免，死後有永遠生命，就表示死亡一方面是肉體生命的終結，但另一方面卻是屬靈生命的新開始。

解說意義

對基督徒來說，死亡並非一種咒詛，相反是一種祝福，是息去地上勞苦，完成在世使命的光榮日子。死亡只是通往光明家鄉的一段短短黑暗旅程。一個忠心於主的基督徒，理論上不會懼怕死亡，因為死亡是達致永遠生命應許的必經之路。主耶穌基督為我們犧牲，祂戰勝死亡，為信主的人開啟復活的路。不過從人的情感角度來說，親友的離世總會令我們遺憾與惋惜，不過這亦是我們體驗復活盼望的時刻。其實我們總有一天離開世界，只不過有些人早一點，有些人遲一點而已。生命總會有終結，復活的盼望正好給我們一種無盡的安慰，深信死亡是步向永遠家鄉的中轉站。因此，我們需要珍惜向親友傳揚福音的機會，耶穌基督福音的記述帶著安慰的能力，使患病中的人、瀕臨死亡的人獲得希望。雖然肉體生命將要結束，但是心靈卻得到平安及釋放。同樣，為親友去世而哀傷的家人亦需要從神而來安慰的信息，就是將來大家會在神的家裏相聚。《為逝去親友者禱告》提醒我們神的慈愛可以抹乾我們的眼淚，耶穌基督的福音可以成為我們生命的動力，積極生活，越過死亡的界限，步向永恆。

默想問題

1. 你是否恐懼死亡？如是，你所恐懼的是甚麼呢？

2. 你認為你的信仰與死亡有何關係？

3. 你知道在你離世後，你會往哪裏嗎？

為心緒不寧者禱告

慈悲憐憫的天父，願祢藉聖道及聖靈安慰愁苦者的心靈，使在壓力中的人將心靈轉向祢，以致可以用真理事奉祢，歸榮耀與祢。主啊，祢是我們的保障，藉聖子耶穌基督祈求，阿們。

——腓力．墨蘭頓，《為心緒不寧者禱告》

背景資料

腓力．墨蘭頓（Philip Melanchthon，1497-1560），德國宗教改革家，馬丁．路德的戰友。一五三〇年日耳曼皇帝查理第五世鑒於土以其人的威脅，於奧斯堡召開會議，試圖解決羅馬天主教與馬丁．路德及其支持者之間的紛爭，團結一致抵抗外敵。當時路德仍然受禁令限制，不能赴會。於是支持路德改革的諸侯委派墨蘭頓起草聲明，後稱為奧斯堡信條（Augsburg Confession）。墨蘭頓與路德在推動宗教改革的時候，經常遇到阻礙，面對各種困難，內心亦產生不少內在爭戰。在恐懼、失望的情緒波動下，仰望上帝，重新得力，面對強大的阻礙勢力。

解説意義

基督徒的屬靈生命成長，不一定一帆風順，天天充滿喜樂。上帝亦不是有求必應的神，祂有主權答應我們的祈求，亦有主權讓我們接受磨煉，學習忍耐的功課，然後才賜我們所求的。有時我們經歷神沒有按我們的意願行事，甚至攔阻所有的可能性，令我們覺得前路迷茫。當我們在拚命掙扎的時候，就好像當年以色列人在曠野中流浪一樣，期望著有朝一日進入應許之地，安定下來。流浪的生涯使人覺得自己是邊緣人，是弱勢的一族，是無權操縱自己命運的一個弱者。

在現時香港的社會中，有不少負資產人士，他們都承擔著一個包袱，不知何時可以脱身。本來生活安定，誰知金融風暴後落到如此地步。有時我們也弄不清楚是誰的過錯，總之自己就是承受著後果。在經濟上，我們又面對外圍因素的影響，令內部消費力疲弱，零售業陷入困境。整體上我們感覺自己缺乏競爭力，因此我們努力提升自己，不斷進修，不斷創新，開拓新領域。不過人總是人，心靈的負荷能力有限，需要適當的休息。

當我默想墨蘭頓的《為心緒不寧者禱告》後，我發現神是一個安慰者。神的説話帶有力量，使內心煩躁不安的人得著平靜，使失望的人重燃希望。神的聖靈好像清風一樣振發人心，亦好像火一般激發我們的鬥志。人生最大的悲哀是意志消沉，失去鬥志。中國人有云「哀莫大於心死」，我們輕看人生一切得失是一種智慧的表現，可是當我們心灰意冷，毫無進取心的時候，那就是逃避，不願面對現實病徵。

筆者近年恢復踢足球活動，起初氣力不繼，反應遲鈍，現在情形亦沒有太大改變。不過我發現足球運動可以令我恢復鬥志，增強面對困難的信心，亦幫助我紓緩壓力。這種身體的操練令我在禱告上變得更加積極進取。足球比賽使人學習全力以赴，努力爭勝，同時亦讓人學習勝敗乃兵家常事的教訓。一場比賽的得失並不重要，只要有下一次賽事，就會有機會。在禱告上，我們亦需要將眼光放遠，神讓我們經歷各種考驗、挫折與失敗，都是要鍛煉我們對神的信心，讓我們體驗神是我們的保障，是我們的力量。當我們心緒不寧的時候，我們更加需要禱告，求神賜我們勇氣，失敗跌倒後再站起來，鼓起勇氣，再接再厲，經歷神是我們力量的真實。

默想問題

1. 面對不景氣的社會狀態和城市人嚴重的精神壓力，你或你的親朋有沒有心緒不寧？

2. 構成這煩惱的原因是甚麼？上帝是否不能勝過這些煩惱？

3. 禱文提醒我們，上帝的安慰是既能安撫不安的心靈，又帶著復興能力，叫人重新振作。你是否相信上帝有這種奇妙的安慰能力？你願不願意接受祂的安慰？

感恩

為飲食感謝禱文

主啊！願祢使這些食物維持我們有健康的身體服侍祢，並讓我們為基督的緣故常常記念別人的需要。

——古典禱文，《為飲食感謝禱文》

現況反省

很多基督徒沒有禱告的習慣，有些沒有早禱或晚禱的，便在謝飯時，作冗長的禱告，為個人需要、為家人、為教會等代禱。雖然這種做法可以節省時間，在謝飯禱告加長一點，省卻早晚禱告的時段，不過這種做法一方面扭曲了謝飯禱告的原意，另一方面亦嚴重破壞早晚禱告的重要性。究竟基督徒應該如何為食物祈禱呢？有些時候，我們會聽到為廚房的衛生祈禱。在現時真假豬肉難分的時勢，實在難以保證桌上的肉類是否經過政府屠房檢定。加上飲食業競爭激烈，生意難做，以冰鮮凍肉甚至來自非法屠場的肉類來減低成本亦有可能。這種為食物衛生安全的禱告亦有其適切性。不過合宜的謝飯禱告不應代替個人的早禱及晚禱，也不是單單為了食物衛生而禱告。

禱文導賞

謝飯禱告原本是一種感謝，為著我們有衣食而感謝上帝。事實上我們的食物得來不易，雖然現代科技使耕種有更大的收成，不過農夫的辛勞是我們不能忽視的。《為飲食感謝禱文》提醒我們進食的目的是維持健康，以致可以服侍上帝。

現時香港有不少人生活十分艱苦，失業率持續上升，特別是飲食業、建築業及運輸業成為重災區。當我們有工作，能夠維持生活的時候，就應該感恩。當我們從傳媒中得知某大集團倒閉、大量裁員的消息，就會想到有不少家庭陷入經濟危機之中。作為基督徒，我們在謝飯的時候應該記念窮乏人的需要。筆者年青時每餐吃三碗飯，飲宴的時候更有狼吞虎嚥之勢。現在每餐吃一碗半飯，有時更會少一點。每逢我看見桌上豐富食物的時候，都會存感謝的心享用。在神學院事奉，我們常常與財政赤字一起生活，能夠有一頓安樂茶飯自然滿心感謝。以往沒有考慮要過信心的生活，但亦沒有想過生活沒有保障的後果。現在面對經濟前景不明朗的壓力，才真正體會上帝賜我們日用飲食的意思。回想以色列人在曠野流浪的時候，每日拾取嗎哪，深切體會上帝供應的真實，現在當我們感到朝不保夕的時候，便更加需要為足夠的飲食而感恩，心裏亦同時記念在世界上有不少人無衣無食，活在壓力及失望當中。

《為飲食感謝禱文》提醒我們每逢有豐富飲食的時候，要為那些付出勞力耕種的農夫獻上感謝，為自己有安定的生活感恩，為著那些生活缺乏的人代求，希望上帝使我們有健康的身體，成為他們的幫助和服侍。食物是要維持身體健康，使我們更有效去服侍人。可惜很多人不懂得為食物感謝，亦不懂得關心別人的需要。最令人傷痛的就是那些只顧增加公司盈利而不顧員工死活的大財團；在賺錢的情況下裁員；高層人員不自我檢討自己設計的發展政策是否失誤等，總之盈利不理想就向下屬開刀！公司要採取這樣的決策，是公司本身領導無方？還是冗員太多？這些都無需作出交待，也不必承擔問責的結果。在面對經濟困境的時候，我們實在不應以「殘民以自肥」的手段自保，相反，應該與其他員工一起承擔困難共創新里程。

《為飲食感謝禱文》提醒我們每逢進食的時候要存感恩的心，並且記念有很多人生活艱苦，需要幫助。或許我們只是小職員，無法影響公司決策，更不能改變香港政府及商界的高層次政策，不過我們可以具體地為人的難處禱告。《為飲食感謝禱文》提醒我們每逢進食的時候要關心別人的困苦，以禱告支持有需要的人。

默想問題

1. *「嗯！桌上放滿的都是我喜愛的食物噢！」這時，你腦海中第一個浮現的感受，是：「好味道呀！」；還是：「感謝我們在天上的父呀！」？*
2. *能享溫飽不是必然的事，你有否嘗試在謝飯禱告時，為你身邊有需要的人代求，也為你日後能得溫飽而禱告。*

慶祝成功禱文

主啊，我們將所有地上的成就獻給祢，幫助我們為著祢的榮耀而運用我們的成功，不以誇張壓制別人。若果我們擁有財富，求主幫助我們有智慧地使用，並且積蓄財寶在天。若果我們奉派責任或領導崗位，願主教導我們以服侍的態度作領導，並且學習我們的主和萬王之王的榜樣，成為眾人的僕人。阿們。

——佚名，《慶祝成功禱文》

現況反省

對於在強調否定自我信息底下成長的弟兄姊妹，往往對成功及權力感到無所適從。那種不敢自誇、不斷破碎自我的屬靈操練，都要徹底地將殘留在我們心中的「自我」除掉，藉此完全擺脱「老我」、「老亞當」。這類型的內在生命操練主要是磨煉人不抬舉自己、不凸顯自我、不要自作聰明、不要自作主張，要完全被動地聽從上帝的帶領、完全沒有人的作為和成分，純粹的由靈而來。在這種屬靈教導底下，我們不會正面地看自我，不會對人的成功作讚賞；只會時刻強調自己的不配、自己的軟弱。

相信不少兄姊亦在這種屬靈教導底下成長。有些同道仍然深信徹底否定自我的屬靈成長法則，有些在信仰與生活對照間發現適切自己情況的平衡。有些經過神學思考的訓練，找到整全福音的思想，重新以完整的角度看靈、魂、體的結合。有些抵擋不住現實的衝擊，感覺信仰抽離現實而放棄信仰。《慶祝成功禱文》的貢獻是幫助信徒以正面肯定的態度看自我、看自己的事業和成就。《慶祝成功禱文》不是宣揚一種成功神學，以成功推論上帝祝福的臨到；相反，強調一種肯定自己的人觀底下對神的敬畏與尊重。肯定自我並不表示高舉自我，而是承認我與神兩者之間的分別與從屬關係。我就是我，信主後生命更新，仍然是那一個我；不過舊有的歷史，塑造我的歷史回憶都在主耶穌基督裏面被改寫，我面前的歷史可以擺脫一切既定的規律，在上帝手中成就新的事。

當我們以整全的人觀了解靈、魂、體的結合，強調人在信主前後自我的連貫性，順著馬丁路德「信徒同時是蒙恩的人與罪人」的理路輔以心理學對人自我意識延續性的了解，凸顯「我仍舊是那個我」的思想時，我們亦應該注意聖經與教會歷史中亦有「不再是我」的觀點。在信徒靈命塑造方面我們應該力求平衡，不必將「我仍舊是那個我」與「不再是我」的觀點視為矛盾對立。「不再是我」不一定否定自我的延續性，只是注意自我被更新變化。一個被更新了的自我，會為了榮耀上帝而慶祝自己的成功，因為人的成敗得失都有上帝的旨意，我們不必為短暫的成敗而耿耿於懷。我們不必為自己的成功沾沾自喜，更不應藉此向人誇耀，甚至欺壓別人。人的成功與成就本來就是上帝的恩賜，我們需要正面看待內心追求卓越的願望，同時要接納上帝不一定要我們經歷心目中所期望的成功。當我們不能如願以償的時候，人性的弱點浮現令我們覺得自己與世俗常人無異。我是有血有肉的凡人、我仍舊是那個我，可是人心靈被釋放的出路是正面積極地尋找在基督裏「不再是我」的那份滿足與喜樂。

解說意義

《慶祝成功禱文》提醒我們要以僕人的精神運用權力，以服侍的態度作領導。《慶祝成功禱文》為我們提供一種對成功和權力另類的價值觀。我們慶祝成功，一方面肯定自己的努力，同時肯定別人的貢獻，更重要的是上帝的恩典。我們接受責任，執掌權力，目的是要維持公義，使各人的恩賜及潛質得以發揮，幫助每個人找到自己，獲得工作上的滿足感。《慶祝成功禱文》提醒我們不單考慮顧及自己的需要，同時要顧及同工的需要，不只顧營運效益，也不忘記人的感受。

默想問題

1. 你認為「成功」與「自誇」是否有必然性的相關連繫？

2. 你可有方法控制自己在成功後所發出的心高氣傲？

爭戰

屬靈爭戰禱告

求主挪去我心中的恐懼，以致我不會陷入對別人的控制中，願主賜我信心。求主除去我心中的貪念，免致我利用別人達致自己私慾的目標，願主賜我慷慨。求主滅絕我心中的驕傲，免得我渴求別人的注意，願主賜我服侍的心。

——佚名，《屬靈爭戰禱告》

現況反省

屬靈生命成長不單是個人方面的操練，同時亦是群體的生命建立。一位資深牧師提醒筆者教會需要有架構，但切勿將全副精力投資在架構的建立上，而忘記對個別的人作心靈關顧。他提及教會往往將每個主日都排得滿滿，崇拜後就有各部門的會議，若果要推動祈禱會亦困難重重。他認為我們需要反省教會是否需要那麼多活動。教會不是為事工而存在，教會是為敬拜、教導、團契、服侍而存在。

有些時候，我們十分佩服那些目標導向型的教會，她們的人數增長驚人、事工報告成績驕人，甚至認為教會不是如此增長就是質素差的教會。其實成功必定要付出代價。我們若果走市場導向的路線，就需要以動感的崇拜作賣點，吸引參加者，然後透過小組動力（group dynamic）維繫其關係。若果我們以教導為主要路線，就要強化講壇，加強對各團契、小組教導內容的控制，務求達到思想貫徹。其實這些教會營運手法若得到天時地利人和等因素的配合，理論上可以使教會得到發展。不過我們不單要追求辦好教會事務，而且要探討運用這些教會營運手法對信徒靈命成長帶來甚麼影響。

筆者最近接觸一些弟兄姊妹，他們的教會十分注重門徒訓練，每個弟兄姊妹都有其師傅。這本來是一件好事，不過一個沒有接受專門神學訓練的人，怎可以在別人生命遇上危機的時候作出準確的分析、判斷，並且提供適切的輔導呢？同時，聖經所描述的門徒訓練亦不像一種層壓式的訓練方式，監控人的私人生活。強調彼此問責確實可以發揮互助互勉、互相督責的作用。不過我們必須謹慎地將「屬靈導師」的身分與責任交託給成熟穩重、對真理有健全認識的弟兄姊妹，千萬不要粗製濫造，為求達致細胞分裂的效果而拔苗助長，將靈命幼嫩的弟兄姊妹推上戰場，承擔牧養別人生命的任務。

筆者早年曾經接觸一些教會，毫無保留地將北美洲小組理論移植香港華人教會中，高舉人的關係而貶低事工、架構的重要。他們漠視香港都市文化中的宣教植堂模式——單單以建立數個由二十至三十人組成的教會為滿足。歷史證明植堂教會人數少於七十人，成長必然困難，更何況只有二、三十人的小團體呢？加上極端化以關係為主無法激發團友的積極性，結果如此的植堂事工只會淪落到苟延殘喘的境地。時移世易，現時香港華人教會卻漸漸步向另一極端，就是高舉事工化、部門化、架構化，以為透過組織動員人力，可以為神成就大事，卻不自覺地犧牲了關係的建立和透過溝通共同尋索神的心意，這種自然而然的事奉方法。一切都是從上而下的行政決策與指令，甚至小圈子的運作。

我們正處身於一個渴求個人靈命更新成長的時代，有資深牧長提醒我不要單單關注信徒個人靈命的成長，同時需要反省教會如何教導及牧養信徒靈命的成長。筆者沒有全時間牧會經驗，因此常常提醒自己是否講一些「風涼話」，不過基於對教會的愛與關切，深感教會的事奉牽涉屬靈的爭戰，願主除去我們的罪與私慾，讓神的聖道成為人屬靈生命的養料，滋潤人饑渴的心靈，千萬不要急於求成，忘記上帝要求僕人的乃是忠心，而不是要求我們以豐功偉績來討神喜悅。

默想反省

1. 教會的憑藉是甚麼？我們所作的，又憑甚麼成就？
2. 禱文提醒我們，一顆事奉的心應該備有哪些特質？

敬拜讚美

敬拜禱文

神啊，祢是我們的真實生命，認識祢就得著生命，事奉祢就得到自由，享受祢就進入祢的國度，讚美祢乃靈魂的喜樂。我讚美祢、稱頌祢、敬拜祢、榮耀祢，為祢的大榮耀感謝祢。我謙卑的懇求祢活在我裏面，管理我，將我的心建成神聖的殿，能夠適合祢神聖的偉大所居住。

——奧古斯丁，《敬拜禱文》

解說意義

最近一位前輩分享：接受神學訓練時，一方面十分艱苦，另一方面亦應該有本身的樂趣。正如很多少年人喜歡搖「怪獸機」一樣，當怪獸機被搖動到某個次數後，就可以進行「打怪獸」遊戲。若果戰勝，可以再搖到某個次數，打更高難度的怪獸遊戲。若果戰敗，亦可再戰一番。很多少年人覺得愈難便愈刺激，雖然不斷重覆搖動怪獸機，動作刻板，但是為了玩怪獸遊戲，一切都變成樂趣。

最近認識一位弟兄，他分享不少弟兄姊妹是為了責任而事奉，十分辛苦。我也同意只有付出，沒有吸收的事奉是不健康的。奥古斯丁的《敬拜禱文》指出敬拜與事奉生命的結合，得力的事奉是由敬拜開始。若果我們的事奉並非由敬拜開始，很容易就變得以人為中心，以人的眼光取代神的眼光。奥古斯丁對敬拜生命的了解，源自內心對真實生命的渴求。由於他體驗神的偉大和榮耀，並且發現這位榮耀的君王能夠滿足他的生命，使他的心靈得到平安，靈魂得到喜樂，人生得到自由的實現和發揮；他謙卑懇切地向神祈求被神的生命充滿、掌管。由此可見，一個重視敬拜的基督徒，自然會有力地事奉神；一個注重敬拜的基督徒，能因著對神的敬拜而使他克服在事奉上有心無力的感覺。

敬拜上帝是要以心靈和誠實態度進行。敬拜需要全情投入，其中詩歌是一個使人抒發對神的情感的重要途徑。不過詩歌敬拜不單為了抒發人的宗教情感，同時是一種神與人，和人與神之間的溝通。奥古斯丁在《敬拜禱文》中提醒我們祈求神活在我們生命裏面，管理我們的心，塑造我們的心成為聖靈的殿，能夠適合這位神聖偉大的神居住。敬拜是指向靈命建立，同時亦是指向事奉生命的建立。奥古斯丁的《敬拜禱文》亦表達事奉神而獲得自由的信息。事奉不單是責任，而是我們屬靈生命實現的重要一步。由敬拜生命的建立引伸事奉生命的實現是一個健康基督徒的標記。若果大家在事奉中找不到樂趣，相信大家需要反思敬拜生命有沒有建立。沒有敬拜神的心，事奉亦很容易缺乏動力，更談不上獲得樂趣。

事奉的樂趣並非在於隨心所欲，而是在於當我們遇到限制的時候，仍然感到自由自在。在事奉上，我們有時會發現自己的想法或意見未必得到其他同道同工認同；或者大家在修改之後，仍然有來自各方面不同的意見。有時我們會感覺自己沒有自由，左右做人難。面對這些情況，我們必須回到上帝那裏，支取生命的力量。真正的自由在於心靈上完全歸於上帝，讓祂作主。當我們將個人的自由交給上帝掌管，我們會感覺人為的因素不會限制神的旨意，我們亦不必勉強用人的方法完成神的工作。當我們重尋對神敬拜的心，將事奉交由上帝掌管，我們的生命自然會成為流通的管子，內心充滿喜樂的事奉神。

默想問題

1. 你現時的事奉面對甚麼困難？沒人認同？左右做人難？你以甚麼方法來解決？

2. 甚麼攔阻你發出衷心的讚美？你相信上帝在你一切的困難中，仍然是掌管萬有的那一位嗎？

3. 讚美和你的事奉有甚麼關係？

工作

將工作化成禱告

主啊，願我的工作能夠化成禱告，在廚房的喧鬧聲及廚具用品的雜音中，或在同一時間面對不同的人的不同要求時，我能夠保持內心的平安與寧靜，好像我跪下領受聖禮一樣。

——羅倫斯弟兄，《將工作化成禱告》

（內容經筆者整理）

背景資料

羅倫斯弟兄的原名是哈爾蒙（Nicholas Herman），又稱為復活者勞倫斯（Lawrence of the Resurrection，1611-1691）。他是迦密山無鞋修會中一位庶務修士。他在廚房工作，在瑣碎的雜務中經驗神的同在，他的心得被編成《清修庖廚中》（*The Practice of the Presence of God*），且被喻為靈修經典作品。

解說意義

對很多基督徒來說，工作與祈禱是兩件完全分割的事情。祈禱要首先放下手上的事務，走進內室，或跪在聖堂，面對十字架，閱讀一些經文，聽一些平靜內心的宗教音樂等才算是禱告。當然，在繁忙工作及生活中抽出時間專心親近神是一種非常好的屬靈操練，可是我們每天其餘大部分時間豈就與親近神、向神禱告毫無關係的嗎？不少基督徒以為靈命成長就是在日常生活以外抽更多時間祈禱讀經，認為這就是與神親近的最好方法。當然，每天安排早禱、晚禱、靈修讀經的時間十分重要，不過我們亦不能忽視整天的生活都是以神為中心的生活。我們在禱告靈修以外的時間都是屬於主的時間，只是我們以工作或照顧家庭作為親近主的方式。

羅倫斯弟兄在日常的雜務中感到心滿意足，在令人煩厭的廚務工作中自得其樂，享受每段緊湊的工序，視趕急時製造的噪音、廚具用品間碰撞時的尖鋭響聲都是美妙的樂章。羅倫斯弟兄提醒我們在日常生活中親近主，在工作的每一個環節中經歷主。基督徒屬靈生命成長的其中一個主要障礙就是信仰與生活分割，將日常工作及生活劃分為屬世的部分，將星期日在教堂中的敬拜劃分為屬靈的部分。結果，基督徒中間不少是星期日的基督徒。試想一想，一個基督徒一星期有六天在現實世界中採取世俗的標準生活，只有一天回到教堂換上另一副臉孔，謙卑恭敬地親近神，這種屬靈操練方法怎會有效地幫助我們討神的喜悅呢？

若果我們要經歷靈命的更新，首先要在態度上有正確的觀念，就是每星期七天的生活都是屬於主的，不管在工作或教堂敬拜都是以神為中心。六天工作所處理的事務，所接觸的人都是神給予我們服侍人的機會。若果我們覺得工作單調苦悶、工作環境未如理想，甚至沒有發揮、沒有挑戰性、沒有成功感，我們需要學習羅倫斯弟兄那種敬業樂業的態度，尊重自己的工作，在瑣碎雜亂的工作中時刻與主親近，將每一件任務看作對主的呈獻。

在靈修方法上，我們需要同時兼顧定時靈修與隨時禱告兩方面。定時靈修是每天抽出時間祈禱讀經，領受神的説話。隨時禱告是在日常生活每一個片段都成為一個禱告，實踐生活化靈修的精神。信仰需要落實在生活中，我們的靈修亦需要更加生活化，不單在工作，在家庭、個人休息等環境都時刻與主同在，意識神在我們身邊，我們所思所行都成為對這位偉大的主的禱告。

默想問題

1. 對你來説，工作和祈禱是不是兩件截然不同的事情？

2. 羅倫斯弟兄將繁瑣喧鬧的工作環境變成禱告場所，此事對你有甚麼啟發？
3. 當你面對未如理想的工作時，你會如何？會馬虎了事？還是敬業樂業？

增強責任感禱文

全能的主、掌管權力的神啊！願祢除去我們生命中的惰性，使我們藉聖靈的力量管理生活，免致放任及被情慾所困，讓我們努力完成每一天的任務，為著榮耀祢這位使基督從死裏復活，改變我們生命的神而工作。

——莊臣博士，《增強責任感禱文》

（內容經筆者整理）

現況反省

最近香港政府委任一批問責制部長官員，令人對承擔政治責任更加關注。這種問責制度的確對政府官員產生提醒的作用，在制定每一項政策的時候，首先要有詳細的資料搜集、客觀的分析、務實地提出解決問題的方案，貫切地執行回應時弊的政策。問責部長制的精神不是政策的成敗完全歸在一個人身上，而是由部長開始建立一種負責任的文化。至於部長作為領導，將會承擔最終的責任。因此，問責部長制要成功運作，實有賴每一位公務員都盡上責任，完成自己的任務，並且在這個變動急速的時代，主動提出改進工作效率的意見，與全港市民一起共度時艱。面對經濟不穩定的環境，人心惶惶是可以理解的。不過每天灰心沮喪地工作，無可奈何地過日子，是不能幫助我們面對難關。在一個人心不安、無法全情投入工作的時候，我們更加需要鼓起勇氣和拚勁，爭取每一個機會，使工作做得更有效果。

作為基督徒，我們的人生觀是以神為中心，無論家庭生活或工作都是向神負責任。不管外在環境如何轉變，都不應該動搖我們對神的忠心。對我們這群普羅大眾的基督徒來說，我們不能將扭轉香港經濟的重任完全推在某幾位官員身上。縱使他們擁有高等學位、身家豐厚，甚至放棄高薪厚祿加入政府，亦不能保證甚麼。我們尊敬這批領導人，但我們更清楚知道他們也是人，不是全能的神。我們能夠做的是依靠全能的神在工作上竭盡所能，盡力改善質素。作為基督徒，我們更加需要注重在工作上的見證。很多時候，我們看見有些事情需要處理，不過礙於有人不願承擔責任，寧願將其擱置，到無法再拖的時候才作跟進。當然人性的軟弱是會「推卸責任」，結果一些簡單的事情就要經過層層疊疊的手續、部門間的推讓等才能獲得解決。這些基本的工作態度不是引入問責制部長可以徹底解決的，真正提高香港公務員效率的有效方法是要建立一種負責任的工作文化。

對基督徒來說，我們工作不單是為了糊口，而是要藉工作榮耀上帝。當然有些基督徒是名義上的基督徒，在工作方面完全用自己的一套，根本沒有讓聖經的原則成為他的工作指標，可是我們不必被這些「害群之馬」影響我們積極進取的工作態度。

《增強責任感禱文》提醒我們在一個經濟不穩定的社會中，更加需要在小事上忠心，在工作上盡心竭力，榮耀上帝。過往香港人慣於忍辱負重，不會主動爭取權益，現在的趨勢是重視個人權益多於個人責任。作為僱員，我們需要盡力工作；作僱主的，也要履行僱主的責任。商業家、工業家坐擁巨資，同樣要有強烈的責任感。我們不能單在某一個層面推動責任文化，而是在每一個界別、每一個職分方面宣揚責任文化。《增強責任感禱文》提醒我們首先過著一種有紀律的生活，有效率地工作，適當地控制情緒及情慾，建立一種健康及純潔的人生。一個屬靈生命長進的基督徒不單是在主日崇拜時尊主為大，而是在日常工作中信賴神的主權和能力，並且以服侍神的態度去完成工作的要求和任務。《增強責任感禱文》教導我們屬靈生命的更新與改變，就在每一天最平凡的生活細節中發生。所以我們希望屬靈生命成長，其中一個方法就是求神藉聖靈的力量使我們忠心盡責地工作，將榮耀歸與神。

默想問題

1. 當你每天拚命工作時，你是期望先取悅神，還是你的老闆呢？
2. 在目前隨時會面臨減薪、裁員、無償加班的工作環境下，你如何才能抱著積極及負責任的態度，喜樂地工作？

勤奮工作禱文

主啊，當我活在世上，請祢保守我在日常對祢認真的追尋，充滿情感地相信祢並與祢同行。當祢來臨時，願祢發現我沒有埋藏我的智慧，或者服侍我的肉體，或在沉睡中沒有令燈油發光，而卻是積極等待及期待榮耀的主來臨。

——理察・巴克斯特，《勤奮工作禱文》

（內容經筆者整理）

解說意義

《勤奮工作禱文》提醒我們要認真地跟隨主耶穌基督，這原則亦可以引伸出尋求神的心意，使我們在工作上、事奉上有明確的方向和目標。從屬靈的角度來看，我們不是按自己的喜好作出選擇，一些有意義的事情，不一定是由我去承擔；反之我卻要尋求神的心意，選擇一些在神眼中「非你莫屬」的事情上，付上全副心力去完成神要我委身的工作。人生經常面對很多取捨和抉擇。有些人興趣多，被人形容為「火麒麟」，任何事情總有他的份兒。這類人魄力過人，事事關心，積極回應參與。不過人終歸是人，不能常常效率高、「轉數快」，我們總要發展自己的專長，界定自己的使命。很多時候我們會有一種不甘寂寞的感覺，眼見別人的成功而希望自己也一顯身手。其實，神對每一個人都有獨特的帶領，我們需要認清神的旨意，認真地跟隨主。

《勤奮工作禱文》教導我們不要隨從肉體的慾望行事，要藉聖靈的力量避免驕橫與疏忽。責任帶來權力，同時帶來濫用權力的潛在機會。本來上帝將權力交託我們，目的是要維持公正，完成任務；不過人性有驕傲自大的弱點，亦有好勝逞強的心態，也有控制別人的慾望。因此權力需要被約束，亦需要被制衡。每一個人都應該學習聆聽別人的意見，尊重他人，並且放下固執與成見。神交託我們任務，實在需要充滿信心地完成，不過信心行事，並不表示漠視一切危機，甚至低估各種困難。真正的信心是客觀評估實際困難後，仍然敢於承擔，才是真正有信心的表現。中國人認為「江山易改，本性難移」；對基督徒來說，聖靈可以感化人心，改造我們的性格，問題是我們有沒有認真地禱告，遵行神的計劃。《勤奮工作禱文》教導我們要充滿情感地相信神並與主同行。情感與情慾不同，情感源於人與人心靈的交往，由內心發出同情共感。與神同行不是指達致不為所動的境界，而是有一種挺身而出拔刀相助的仗義精神。

《勤奮工作禱文》教導我們要善用神所賜的智慧，人生在世短短數十寒暑，轉眼即逝；所以我們應該把握黃金歲月，按神的心意開拓天國的聖工。《勤奮工作禱文》教導我們要讓自己的燈發出亮光，因此我們要時刻留心為油燈添油。這教訓可以引伸時刻向神支取能力，務實地完成每天的任務。在一遍資源增值的聲音中，我們要處理的工作與日俱增，常常令我們有種「勉力奔跑」的感覺。若果我們對自己有過高的要求，就會令自己陷入無形的壓力中。對於有追求完美傾向的人來說，壓力會愈大。我們總會有追求成功卓越、表現出色的心理需要，我們會不斷挑戰自己，勇闖高峰。《勤奮工作禱文》提醒我們為基督的緣故努力工作，因此成功的標準並不在乎個人的榮辱，而在乎基督是否因我們所作的得著榮耀。

《勤奮工作禱文》提醒我們工作要專心跟隨主，認真尋求上帝對我們的心意，在行事方面要避免散漫輕忽的態度，並且以追求基督得著榮耀作為成功卓越的定義，努力完成每一天的託付。

默想問題

1. 請問你在工作上，曾否開小差？打瞌睡？可有方法避免及改善？
2. 可有想過如何能與你的工作建立情感？

祈求工作能力禱文

主啊，我並不按自己的能力祈求工作任務，而是按工作的需要祈求適當的能力。

——腓力斯·布錄克，《祈求工作能力禱文》

現況反省

腓力斯·布錄克（Phillips Brooks）的《祈求工作能力禱文》提醒我們不是從人的角度看自己的工作，而是從神的角度看工作。從人的角度看工作是以人的性格、訓練背景、經驗等作主要考慮。當然這種思考方式十分合理，不過人生不是在重覆相同的經驗，而是不斷經歷新事物。人的成長就是不斷學習新的知識、嘗試新的事情。一種過分規律、穩重的工作態度會令人停滯不前，不思進取。更重要的是我們基於使命感而界定工作的方向、範圍。從神的角度看工作會令我們的視域更寬廣、眼界更遼闊，看見前面充滿新機會和各種可能性。我們可以稱這是異象或遠象，當我們的工作有遠象、有方向的時候，自然充滿主動性和積極性。

解說意義

《祈求工作能力禱文》提醒我們不單要用人的眼光看自己。我們應該有更大信心和進取心，更主動地承擔責任和挑戰。有些人的性格比較被動、退縮；有些人很早便有創業精神，敢於開創新領域；有些人則需要較長時間才會有更積極進取的志向。現時社會鼓吹資源增值，我們在工作上需要更積極、更主動。過往有些人在工作上得過且過，現時這種工作態度已經難以生存。現在正是我們改變以往遺留下來散漫工作態度的時候，我們需要表現出專業的水準與服務精神。因此，我們內心承受的壓力可不輕省。

《祈求工作能力禱文》提醒我們要大膽向神祈求應付工作的更大能力。在壓力和困難下，我們可以更加經驗上帝的真實。工作投入與工作狂不同，工作投入是全力以赴，做到最好；工作狂是不懂得休息，不懂得停止，只有前進沒有停留。我們積極投入工作，並非廿四小時不休不眠，而是要有均衡的生活。我們需要提高工作的效率，同時要培養良好的時間管理習慣，並且要清楚計算自己的實力。《祈求工作能力禱文》提醒我們要敢於勇闖前路，不過我們總要量力而為；同時要作好心理準備，隨時接受自己失敗的可能性。當我們遇上挫折不要灰心，重新站起來，再往前奔跑，尋求另一次的突破。

人到中年，心態漸趨平淡穩定，失卻勇敢冒險前進的動力。久而久之，就會失卻鬥志，成為「老餅」、「老油條」。因此，我們需要有一種精益求精的態度，使自己在工作上發揮得更淋漓盡致。人生最悲哀是失卻挑戰，生活變得枯燥乏味。其實，我們只要對自己有更高一點兒的要求，每一天的生活都可以不同。不少運動員每天努力練習，目的只是在比賽時間上爭取減少零點一秒，在速度上增加少許而已。他們每天艱苦的練習，只能換來些微的改變；但是他們若果沒有經過這段艱難的鍛鍊日子，就不能在比賽中打破以往的紀錄，爭取獎牌。《祈求工作能力禱文》提醒我們工作要更加積極進取，尋求突破，為自己訂立更具挑戰的目標，全力以赴，向上帝勇敢地祈求更大的信心和能力，承擔責任，迎接挑戰。如此，工作的難題不會成為我們的壓力，反之卻成為我們的動力，驅使我們成長的生命力。我們都希望工作充滿能力，那麼我們應該憑信心向上帝祈求，尋求從上帝而來的異象和方向，使我們的工作充滿熱誠和使命感。

默想問題

1. 若從神的角度來看，你工作的意義是甚麼？

2. 你認為在你的工作上，有甚麼不足之處需要向神祈求，以達致在工作上能榮耀神？

社會和家庭

改善世界禱文

……願主祝福那些致力改善世界的人，特別是那些尋求真理、建立完善法制、促進世界和平、醫治疾病、扶助貧困、挽救墮落、恢復教會合一、傳揚福音、在異文化宣教、為公義受逼害的人。願神粉碎殘暴的勢力、消滅自私自利的計謀，使領受基督聖靈而榮耀主的人蒙福，阿們。

——約翰・貝里，《改善世界禱文》

背景資料

約翰・貝里（John Baillie，1886 -1960）曾任愛丁堡大學神學系教務主任、普世教會協會會長、皇室牧者等職位。他不單是神學家，同時對靈修、祈禱、探索神的臨在等課題有深入的洞見。

解說意義

今天我們身處一個動盪不安的世代，國際上有恐怖分子進行自殺式襲擊。在本地有自殺個案上升的趨勢，有些更連無辜兒童的性命也奪去。在居港權的訴訟中，仍然有不少人不願返回內地，循正常手續申請。他們認為在內地排隊不知等候多久，同時聲稱自己有居港權利，結果在限期結束後仍然繼續示威。在經濟方面，失業率高企，大機構裁員減薪，大學畢業生就業機會降低，中學畢業生更難上加難。在教育改革方面，有學校轉「直資」以爭取更多收生自由，加強本身的競爭力。政治方面，高官問責制與公務員薪酬檢討令公務員感到工作文化改變，由以往政治中立變得更政治化。

面對現實社會及世界的問題，我們有強烈的無能感。作為基督徒，我們未必能夠對具體政策提供意見，不過，我們能夠成為代禱勇士，將社會的難題及需要交在神的掌握之中，讓神指引我們的方向。約翰·貝里的《改善世界禱文》提醒我們關注社會及世界的需要，將我們面對的難處向神陳明。為世界祈禱是基督徒的其中一項責任，我們的靈命成長並非單單關注個人與神的關係，同時包括為世界的需要代禱。我不厭其煩地提出靈命成長並非單單指個人內心感受神的同在，與神在靈裏相交所帶來的神祕經驗；同時亦指向在現實社會及世界中讓神的力量改變人的價值取向。

過往，筆者有一種退隱式的屬靈觀，輕視人為的因素，對教會中充斥權術鬥爭感到吃不消，嚮往追求純粹屬靈的人神關係。當年紀漸長，我發現教會無法避免「教會政治」，一朝天子一朝臣並不單是屬世的規律，同時在教會圈子亦屢見不鮮。當然我們可以不問世事而去過自己嚮往的屬靈生活，但是被動退隱未必是長久的辦法；相反，我們應該以正面的眼光把握上帝掌管世事的信念，以無私及公正的態度關心社會及世界的事務。

基督徒除了應該用正面積極的態度關心社會及世界外，更應該以禱告成為關心社會的後盾，以致我們不會淪為單靠自己的才智面對困難，甚至陷入政治遊戲的規律限制，淪為政治工具，在利益當前失卻屬靈的批判力。基督徒在參與改善世界的事工方面，會有機會與非基督徒合作，縱使彼此的動機及出發點未必完全一樣，大家都會有共同的關心、承擔改善社會的責任。若果我們本於純正的動機，以無私的愛服務社會，相信我們的行動可以成為一個活的見證，使世人看見基督徒優美的靈性。

默想問題

1. 關注社會及世界的需要，跟基督徒有何關係？

2. 身處混亂的世界，你是否相信上帝有改變更新這世界的能力？

實踐正義禱文(一)
教會篇

主啊！我好像一個倒空的瓦器，願祢充滿。我信心軟弱，求主堅固。我愛心冷淡，求主使我重燃愛火，關懷周遭的人。主啊，求祢堅固我對祢的信心及依靠。在我裏面有極多的罪惡，在祢裏面才有完滿的正義，因此，我住在祢裏面，從祢那裏獲得我所缺少的恩賜。

——馬丁路德，《實踐正義禱文》

背景資料

馬丁路德是一位偉大的宗教改革者，他對信仰真理的執著與堅持，喚起歐洲教會的更新與復興。路德對真理認真，並且誠實面對自己，對於形式化、表面化的教會生活毫不留情地痛斥，更不屑與虛假吃教之徒同流合污。他對自己生命中的污點感到震驚，並且時刻尋求神的赦免與安慰。結果，他終於在聖經裏找到安慰的信息，就是罪人因信基督而稱義，生命得以潔淨。路德是一個切實追求生命更新的信徒，從聖經的領受中，驅使他義無反顧地作出對贖罪券的指摘。在面對當時羅馬天主教的強權威嚇底下仍然毫不退縮，並且敢於高舉聖經的權威抗拒教宗的權威。路德對信仰的忠誠，可說是今日信徒的榜樣。

現況反省

對一般信徒來說，不少人覺得教會更新改革的事情並不是他們的任務，此乃教牧人員的職責。這觀點其實出於一種錯誤的教會觀，以為教會是屬於教牧人員，而信徒只不過是參與者。其實，聖經教導我們每一個信徒都是基督身體內的肢體，因此每一個信徒都是教會的一部分。當然教會需要推選一批信眾負責領導及管理，不過教會是屬於每一位會友的，若果信徒將教會發展的所有責任都推卸在一小撮領袖身上，然後享受他們辛勞的成果，這並不完全正確。當然，在教會中經常參加聚會、小說話、接受別人的領導，這亦是一種支持。不過這只屬被動的支持，而不是主動的支持。若果能夠化被動為主動，對教會發展將會更有幫助。

教會發展需要聖靈的力量，聖靈在信徒心中激發熱情，匯集能量，集思廣益，齊心協力，推動聖工。沒有動力的教會只會停留在形式化、僵化的狀態，缺乏活力與生氣；過度充滿動力的教會出現「火頭過多」，應接不暇，令人有透不過氣的感覺。過分靜態的教會需要強而有力的領袖，激發會眾的積極性，挑戰會眾承擔使命；過度活躍的教會需要學習以整體發展步伐作重點，調節各部分的發展速度。

解說意義

《實踐正義禱文》提醒我們學習倒空自己，以神為首。事奉神的人最大的禁忌就是高舉自己。有些時候我們擔心別人看不起自己，因而要努力證明自己樣樣皆能，有時幾乎要塑造自己為全能事奉者。若果我們的事奉光景淪落至如斯地步，就會終日將自己與身邊的人比較，看見別人某方面的恩賜，就勉強自己一定要與別人看齊，甚至要證明自己勝人一籌。最後，我們就活在痛苦之中，每天都為未能勝過所有的人而耿耿於懷。

在教會事奉中學習實踐正義，最重要的是要情理兼備。很多時候我們為了尊重別人，不願對別人造成傷害，因而對別人的錯誤思想與做法避而不談。年青人滿腔熱血，最容易挺身而出，為真理而奮鬥。當人年紀漸長，往往失去這份捍衛真理的心志，看重關係而寧願將反對聲音埋藏心底。有些弟兄姊妹為了不願被冠以「製造混亂」、「滋事分子」(trouble maker)的名號，將對教會失望的情緒埋藏心底。

《實踐正義禱文》提醒我們時刻尋求神的正義，不靠自己的努力，只靠基督的恩典。馬丁路德推動教會改革，目的不是要推翻教宗或者羅馬天主教會。今天我們承繼宗教改革精神，盼望教會能夠更新。

《實踐正義禱文》提醒我們不是作一個盲目的跟隨者，而是要慎思明辨、秉公行事，使教會站於穩固的基礎上。

默想問題

1. 當你完成一項事工時，你是否只著重弟兄姊妹對你的評價而忽略了神給你的成績表？

2. 你能否經常以持平的態度去處事？

實踐正義禱文(二)
社會篇

主啊！我好像一個倒空的瓦器，願祢充滿。我信心軟弱，求主堅固。我愛心冷淡，求主使我重燃愛火，關懷周遭的人。主啊，求祢堅固我對祢的信心及依靠。在我裏面有極多的罪惡，在祢裏面才有完滿的正義，因此，我住在祢裏面，從祢那裏獲得我所缺少的恩賜。

——馬丁路德，《實踐正義禱文》

現況反省

自香港回歸後，普羅大眾的關注已由政治轉移到對經濟，究其原因，極可能是由於中國政府處理特區事務相當得體，沒有構成民眾嚴重反感的情緒。隨著大局已定，政治議題漸漸淡化，加上金融風暴、美國九一一事件，經濟衰退成為大家最切身的課題。筆者察覺到在九七前，香港神學界與教會有明確的議題、鮮明的方向、清晰的奮鬥目標。九七以後情況改變，大家好像沒有明確的共通議題，沒有甚麼方向，亦沒有具體目標。或許現在是一個調整期，神學院、教會、福音機構除了保住自己的生存空間外，當然會審時度世，為自己的存在重新定位，確立具體的目標，重燃人生使命感。筆者愈來愈覺得教會需要關注經濟的課題，因此，在反思《實踐正義禱文》的時候，嘗試引伸在社會中實踐經濟正義的理想。

最近美國一些大型機構相繼傳出製造假賬的消息，令投資者失去信心，美股亦因而下跌，香港也受牽連。投資者抱怨商業機構缺乏道德操守，妄顧公德，欺騙別人，招致別人損失。商界有句常用術語——「在商言商」，意思是在商業活動裏面所關注的是盈利，如何在最短時間獲得最多的利益。其實「在商言商」這句話的背後，是假設了大家都以誠信作為出發點。世上沒有人願意被別人欺騙，總會要求交易是物有所值。世上亦沒有人希望接收不正確或虛假的商業資料，因為錯誤的估計可以造成龐大的損失。若果我們希望別人以誠信對待自己，當然我們首先要以誠信待人；因此，誠信乃是「在商言商」的基礎。

在經濟低迷的香港，不少人抱著「搵快錢」的心態，在最短時間賺取一筆大錢，完全不考慮信譽的重要。或許大家都對將來失卻信心，所以不擇手段，不顧後果。作為基督徒商人，我們與非基督徒同樣面對外圍壓力，承擔同樣的經營風險，可是我們與眾不同的地方就是「我知誰掌管明天」，因此不會方寸大亂。面對業務上的起跌，我們仍然可以安然信賴主的供應。我們所信的上帝並非我們的工具，聽我們差使，按我們心意而作服務。我們的神是我們生命的主，他是我們所敬拜的主，而我們乃是祂的子民。作為神的子民，我們必須有神子民的尊嚴，本著正直的良知從事商業活動。基督徒商人所追求的是合理的利潤，所提供的是優質的服務，所建立的是信譽的保證，這是基督徒商人立於不敗之地的基本原則。至於能否獲得豐厚利潤，這是上帝的主權，我們應該順服。

解說意義

《實踐正義禱文》提醒我們要時刻向神認罪，人心靈的物質空間有限，但希望佔有的卻是無限。一個從商的人會時刻尋找新的投資機會，務求快人一步，捷足先登。不過並不是每一項投資對人類社會都帶來正面價值，例如色情暴力漫畫的事業將受污染的精神文化植入年青一代的心靈裏。從事這類投資的人會將教育下一代的責任推卸給學校、家庭、政府；可是卻不會為自己播下污染下一代青少年人生價值觀的罪惡而慚愧。除此以外，我們每天都有機會遇到一些試探，引誘我們放鬆自己的標準。《實踐正義禱文》提醒我們唯有依靠神的恩典才得到赦罪的機會，因此，我們依靠神的力量在世實踐正義，使這個充滿罪惡的世界能夠得到淨化。

默想問題

1. 你對社會上、國際間發生的事件，如賭波合法化、《基本法》廿三條立法、美伊戰爭等，可曾付出過甚麼？
2. 金錢對你的意義有多大？

家庭禱文

主耶穌基督，祢歡迎兒童親近祢，亦接納我的晚禱，以祢兩翼的影子保護我，使我平安地躺下入睡，被祢喚醒，可以為祢這位充滿憐憫的上帝而活。

——東正教會禱文，《家庭禱文》

現代意義

最近閱讀一些關於香港家庭婚姻情況的報告，有統計數字顯示離婚率由一九九一年的百分之一點二升至二〇〇〇年的百分之二點三六，單親家庭數目激增，而且有年輕化的趨勢。另外，亦有報告指出香港的戀愛暴力及家庭暴力個案正在急升。引致家庭關係破裂的原因非常複雜，其中有婚外情、賭博引致債台高築破壞家人關係等。

面對社會急劇轉變，家庭本應是人獲得支持的重要基地，使人鼓起勇氣承擔壓力面對挑戰。可惜現時家庭的凝聚力下降，家庭作為支持系統的功能被瓦解，對整個社會帶來負面的影響。家庭關係破裂的最大受害者是兒童，一個本來需要被關懷愛護的小生命，卻要承受與父親或母親分離的痛苦。雖然在單親家庭成長的青少年可以鍛鍊起堅強的意志，在傷心的經歷中變得更加成熟；不過亦有一些青少年在情緒上變得不穩定，在自信心方面變得薄弱，在表達自己的能力方面顯得畏縮。此外，在缺乏父母親完整的愛的撫育下，子女對愛的渴求變得迫切，因而在心智尚未成熟的時候開始戀愛。可是這種在獨立人格尚未成熟下的感情，往往有依附及操控的成分，極容易給予對方壓力，弄致分手收場。

美好的家庭生活需要每一個成員都付出愛、接納愛。家庭是一個學習愛和實踐愛的地方。在家庭裏，我們可以自由自在地分享心底説話，無拘無束地溝通。家庭亦是一個塑造人格成長的地方。筆者曾經聽過有些兄姊分享，他是一個性格內向，不多説話的人，而他的配偶則十分主動與人溝通，喜歡表達自己。當他們長時間在一起以後，雙方的性格都產生了調和。筆者自己經歷在太太的眼中更加認識自己的性格、長處與短處。當我們為人父母以後，會悉心為子女成長作出周詳的計劃，有些父母甚至為了兒女升讀心目中的學校而遷居。也有些父母刻意培養子女多方面的興趣及才能，自幼參加鋼琴班、舞蹈班……。為人父母總會希望將最好的留給子女：最好的教育、最好的居住環境等。對於基督徒來說，我們首先要向上帝祈禱，學習如何為人父母。不少人完全忽視人需要學習做丈夫、妻子、父母、兒女，以為一切都會順理成章。很多人以為當人年紀漸長，就會自動懂得如何建立家庭。其實人要學習如何適應婚姻生活，如何承擔為人父母的身分轉變，照顧子女的責任……。面對現代社會家庭解體的趨勢，我們必須重視家庭生活，加強為家庭禱告，更重要的是基督徒實踐家庭禱告，彼此支持，勇敢地迎接現實社會的挑戰。

近年香港離婚率急升，我們應該更加注意在結婚前，應首先處理自己性格的問題，正視成長過程所留下的情緒缺點，學習愛與接納，一起締造美好的家庭。東正教會的《家庭禱文》提醒我們在晚上有晚禱的習慣。筆者家庭亦有晚禱的習慣，每一個成員都將心中的期望、憂慮向上帝陳明，同時亦彼此代求，以及為其他親人、有需要的人代禱。不少香港人有失眠的困擾、心理壓力、生理問題……也有各種煩惱積壓心頭，無法安睡。家庭晚禱是一段美好的時間，讓我們感受神的保護，家人間彼此的支持和鼓勵。對於沒有家庭晚禱習慣的弟兄姊妹來說，就需要首先為家人祈禱，求神感動家人同樣重視同心祈禱的操練，然後勇敢向家人提出邀請。《家庭禱文》提醒我們要實踐家庭禱告，經歷晚間的安睡，每天清早充滿力量地工作及生活。

默想問題

1. 你和你的家庭有沒有晚禱的習慣？為甚麼？
2. 最大的保障從何而來？甚麼是你能送給你家庭的最好禮物？
3. 禱文提醒我們一夜安眠是必然的還是上帝的恩賜？

服務與事奉

普世宣教禱文

全地各民各族的主，請記念無數按祢形象被造的人仍然尚未認識祢，亦未明白祢愛子救主耶穌基督的犧牲大愛。願祢聖教會的禱告及服侍可以幫助他們由無知與不信中進入對祢的敬拜，獲得祢愛子救主耶穌基督死而復活所賜的生命，阿們。

——沙勿略，《普世宣教禱文》

現況反省

沙勿略（Francis Xavier，1505 -1552），耶穌會修士，遠東宣教工作的先驅者。自一三〇七年方濟各修士約翰·蒙特哥連奴（John of Monteconino）在北京升座為主教後，羅馬天主教面對歐洲在黑死病困擾及中國明朝皇帝對外來宗教排拒的影響下，遠東宣教工作受阻礙。一五三八年沙勿略由葡萄牙出發東至印度，一五四〇年從印度到印尼，然後到日本。一五五〇年由日本出發，準備前往中國。一五五二年去世，未能完成中國宣教的夢想。一五八一年利瑪竇來華，開創中國宣教的新一頁。沙勿略是宣教的先驅者，他一生沒有甚麼豐功偉績，在世日子亦只有四十七年，英年早逝。不過他有一顆強烈的宣教心志，不辭勞苦從歐洲坐船，經年累月遠赴亞洲，目的是將主耶穌基督的福音傳揚。在《普世宣教禱文》中，充分表現他對耶穌基督福音的信服，與對各民各族迫切需要福音的熱枕。

筆者在德國六年，經歷異文化生活的難處，學習了一方面重尋中國人的身分，另一方面開放自己從另外一種角度思考問題，漸漸培養起對跨文化研究的興趣。無巧不成話，近代宣教學亦強調跨文化溝通及對話。回港後接觸不少對宣教有負擔的同道，刺激我反思宣教的神學課題。最近有關於宣教與靈命塑造的討論，有前輩認為宣教士需要有結實的靈命培育，才能在充滿挑戰、困難重重的宣教工場上建立福音的據點。靈命塑造其中一種方法是完全拋下世務，在不受騷擾而安靜獨處中親近上帝。對於久被煩塵俗世纏累的人來説，可説是一種清優自在反璞歸真的釋放。不過，靈命塑造並非唯有以靜入定，而是在安靜過濾俗氣後，在上帝大愛所觸動底下充滿熱情地傳揚福音真理。因此，安靜獨處的靈修與宣教行動緊緊地連在一起。

解説意義

從《普世宣教禱文》中，沙勿略確實有一種愛人的心，深願萬人認識福音。他的獻身與服侍都是為了將福音帶往未得之民中間。他慨歎那些本來按上帝形象被造的人竟然遠離上帝，隨從世俗物慾風尚而生活。更可悲的是世人對於上帝藉愛子犧牲拯救世人的道理一無所知。他祈求教會成為有使命的教會，將福音廣傳，使人珍惜對神的敬拜，塑造從天而來的屬靈新生命。《普世宣教禱文》提醒教會不單要成為敬拜的教會，同時要成為宣教與服侍的教會。反過來説，教會不單要成為宣教與服侍的教會，同時要成為敬拜的教會。沙勿略隻身踏上宣教之旅，卻沒有個人英雄主義，時刻為教會更新禱告，希望教會能夠滿有生命力和使命感。

也許我們並非每一個人都會成為宣教士，不過《普世宣教禱文》提醒我們的人生是一個宣教的人生。很多人感覺生活沒有目標，活像一個平面人；有些人以為要幹一番大事業才會找到人生的意義。其實，我們不一定要成為偉人，只要我們心裏有人生使命感，自然不會感到無奈。《普世宣教禱文》提醒我們周圍仍然有很多人尚未認識耶穌基督的真理，我們不能遠赴重洋將福音帶往未得之民中間，不過我們可以在近處負起見證基督的責任。《普世宣教禱文》幫助我們從更宏觀的角度看教會的使命，從更廣闊的視野看事奉工場，從永恆的角度看人生的意義，從實現神拯救世人的計劃來看自己的一生。

默想問題

1. 你的人生有沒有使命感？如有，是甚麼？
2. 有沒有想過，其實我們毋須到別的國家去傳福音，因為我們可以隨時隨地向你身邊的人宣教？

塑造事奉生命禱文(一)

主啊，願祢塑造我達致謙卑而不虛偽、歡愉而不輕率、認真而不沮喪、嚴肅而不抑鬱、活躍而不浪費時間、誠實而不欺騙、純潔而不墮落、能糾正鄰舍而沒有怒氣、藉言語及榜樣薰陶他而沒有驕傲、服從而沒有反駁、忍耐而沒有抱怨。

——多瑪斯．亞奎那，《塑造事奉生命禱文》

背景資料

多瑪斯．亞奎那(Thomas Aquinas，1225 -1274)，生於意大利拿波里(Naples)附近，自幼在本篤修會學院受訓。一二三九年左右(約十四歲)入讀拿波里大學，接觸透過伊斯蘭文明保存的亞里士多德哲學；一二四四年左右(約十九歲)加入多明尼修會，深受大亞爾拔(Albert the Great)影響，後轉往巴黎進修及教學；一二五九年左右(約卅四歲)返回意大利教學，其後在巴黎及拿波里兩地亦有任教。終年四十九歲，可謂英年早逝，但他的著作卻傳頌後世。他的神學由釋經引伸至探討問題（quaestiones），並將各類問題組合成一個整體或系統，即其《神學總論》（*Summa Theologie*），他稱這種神學研究方法乃一門科學。亞奎那作為一位神學巨匠，他在理性思維上非常嚴謹及慎密；在他對神的忠誠上，亦堪為後世的榜樣。

解說意義

《塑造事奉生命禱文》獨特之處，就是對於人的品格與行為作出透徹的分析，指出過猶不及的弊處，提醒我們在追求事奉生命成長的時候，不致走極端，陷入試探的網羅。對於中國人來說，「禮多人不怪」是我們文化的一部分。其實謙虛是一種美德，對基督徒來說，更是對神敬畏的一種具體表現，時刻以榮耀神為己任，不抬舉自己。不過，過分的謙卑亦可以變成虛偽，心底實實在在為自己的成就沾沾自喜，但卻礙於文化的原因而掩飾自己的感受。

華人教會的屬靈背景非常強調不要自高自大，華人信徒內心已經根植一種否定自我的傾向。不過當我們常常謙卑地隱藏自己的時候，內心往往面對一種掙扎，就是在謙卑隱藏自己背後亦潛伏著屬靈的野心和驕傲。在謙卑背後隱藏著屬靈的驕傲往往是令人防不勝防的試探，因此我們需要追尋合宜的謙卑，適當地輕看自己，同時誠實地為神在我們身上所作成的工而感恩。最近有同道與筆者分享，在言談間將謙卑與自信並列。他的觀點令筆者注意真正的謙卑是要有健康的自我形象，不妄自菲薄、不亢不卑、不貶低別人。一個在事奉上成熟的人，需要學習謙卑與自信的平衡，一方面緊記萬物都是從主而來的道理，另一方面存著感恩的心分享自己的異象、事奉的熱誠，與委身承擔的願望，更重要的是讓神塑造我們的性格。

最近有同道提出現代文化崇尚實現自我，對屬靈上否定自己的功課拋諸腦後。另外，亦有同道提出華人教會那種「非我為主」的觀點推至極點，就脱離現實，在教會歷史上製造出將人神化、偶像化的悲劇。筆者認為兩種觀點都有可取之處，人在神面前不懂得謙卑，根本就不認識神的真理；不過，我們亦要小心自己的謙卑背後是否隱藏著屬靈上的驕傲，目中無人呢？《塑造事奉生命禱文》提醒我們要培養謙卑卻不虛偽的性格。一個事奉神的人必須常常在神面前謙卑，不過在事奉的時候，卻應該有一種毋須掩飾自己對事奉的負擔及理想。一個過分隱藏、被動的人，需要緊記謙卑並不等於恐懼、退縮。神所需要的工人是既謙卑，又肯承擔的人。若果我們將事奉的熱誠埋藏心底，將對聖工的抱負隱藏，無形中我們便陷入虛偽和退縮的試探。

默想問題

1. 當你滿意地完成一項工作、得到別人稱讚時，會否在人面前顯得過分謙虛？
2. 在聖經中，神是如何看待驕傲的人？

塑造事奉生命禱文(二)

主啊，願祢塑造我謙卑而不虛偽、歡愉而不輕率、認真而不沮喪、嚴肅而不抑鬱、活躍而不浪費時間、誠實而不欺騙、純潔而不墮落、能糾正鄰舍而沒有怒氣、藉言語及榜樣薰陶他而沒有驕傲、服從而沒有反駁、忍耐而沒有抱怨。

——多瑪斯．亞奎那，《塑造事奉生命禱文》

現況反省

《塑造事奉生命禱文》提醒我們認真而不沮喪。認真是一種熱誠的表現，凡事盡力完成。認真與執著不同，認真是切實地、毫不苟且地做好每一個環節。執著是無法忍受有半點的差錯、絲毫偏離原則。基督徒對真理認真與執著是好的，不過在事奉上過分認真會令自己常常感到吃不消，時刻為自己的不完美而失望。過分認真的人一方面有完美主義傾向，另一方面在性格上對自己的過去有極大的不滿意，因此，內心產生一種追求完美的渴望。過分認真的性格會變成對身邊的人有嚴苛的要求與期望，無形中將壓力加諸別人身上。當我們對信仰的認真成為衡量別人屬靈境況的標準時，問題便出現。很多時候，我們將不少「應然」的要求加諸其他同道身上；結果，我們會發現每個基督徒都有其獨特的屬靈領受，個別的回應。若果我們不小心考慮這些因素，就非常容易產生對人的失望、不滿，甚至沮喪。久而久之，我們就會感覺孤單，內心充滿挫敗感，覺得無人關心或理解。

解說意義

究竟我們可以怎樣避免走上事奉上孤軍作戰的道路呢？《塑造事奉生命禱文》教導我們要認真而不沮喪，我們需要事事認真，做到最好，不過卻要避免走進理想主義的陷阱，對己對人過分要求完美。現實終歸現實，人總有缺點、軟弱，若果我們單單看自己及別人的錯失軟弱，必然沮喪；不過我們亦可以學習換另一個角度欣賞自己及別人的優點，既存感恩的心事奉神，亦存著不斷改進的態度彼此互勉，以鼓勵代替踐踏，相信對我們的事奉生命的成長會有積極的幫助。

有些時候，我們會有一種理想幻滅的感覺，失去了起初事奉的熱誠，心裏充滿無奈與創傷、不滿與憤怒。我們由甘心奉獻變為保護自己，不願意再付出愛與信任，恐怕會再受傷害。在失去從神而來的力量下，人會變得斤斤計較，更看不見犧牲的價值。過分認真很容易令我們在事奉上跌倒，令我們失去為上帝奮鬥精神，反而會更多為自己籌算。最近有前輩提醒我們要重燃事奉火熱的心（passion），對筆者很有幫助。其實筆者亦是經歷過分認真而沮喪的一分子，在上帝的恩典下生命獲得更新，心靈得到治療。可是，在恢復屬靈上的健康後，筆者需要接受操練，恢復作戰精神，從新投入屬靈的戰場。筆者在投身神學教育後，發現神學院既是傷兵的醫院，亦是基督精兵的訓練學院。我們需要在過分認真而沮喪的境況中，被神的愛醫治，同時更需要聖靈的力量，激發起初事奉的熱心。

《塑造事奉生命禱文》提醒我們要建立認真而不沮喪的事奉態度。我們需要時刻反省自己是否過分認真而變得執著，對人形成先入為主的成見，對某種觀點及立場充滿偏見，以致無法突破自己的盲點，亦無法看見同工同道一樣的認真，一樣對主忠誠呢？另一方面，當我們面對弟兄姊妹因為愛主愛教會的緣故認真地堅持某個見解，不論人數多寡，我們都需要小心聆聽，耐心交流，免致同道覺得不受重視，或者遭受排斥，因而走上沮喪之路。願以此互勉。

默想問題

1. 回想你過往的失敗、挫折，對你生命有何成長？
2. 在你的概念中，「事奉」與「工作」有何分別？

為醫護人員禱告

主耶穌基督啊，祢四處行善並醫治各樣病症。願祢將勇氣、智慧、仁慈，加給祢的眾僕人，如醫生、護士等，使他們彰顯祢的臨在，在照顧病人的時候不單醫治他們，同時祝福他們，讓他們成為灰心者在黑夜中的明燈，願那掌管一切的神賜福他們，直到永遠。

——教會宣教會社一八九九，《為醫護人員禱告》

（內容經筆者整理）

現況反省

最近接二連三收到有弟兄姊妹及家人患上癌病的消息，內心除了想到他們極需要從神而來的平安之外，亦想起從事醫護工作的人員。當我與一些醫護界弟兄姊妹分享，有一些他們素未謀面的主內兄姊及家人的病況，他們都十分關心，並且願意探訪病人及其家屬。當時我的反應是現時醫療界改革浪潮底下，豈不是令不少醫療人員面對減薪、工作從新調配的壓力嗎？為甚麼這些醫護界弟兄姊妹竟然有如此的愛心，主動關心一些陌生人呢？我為這些充滿愛心的弟兄姊妹感恩，他們的積極反應亦鼓勵我關心患病的肢體。

在我接觸的醫療界兄姊當中，其中有不少對宣教及傳福音有強烈負擔。可能他們在工作中經常目睹生離死別的情況，眼見一個活人進入醫院，不久卻被抬出病房，一去不返。生命就是如此脆弱，沒有人可以向死亡誇口。醫護人員其實每天都有機會親身經歷病人走到生命的盡頭，在死亡邊緣掙扎。生命的出現與離去往往是神聖的時刻，亦是最容易感覺上帝介入的時候。一個生命的誕生見證神創造的奇妙，人類竟然由精子和卵子結合產生另一個生命；當一個人去世，我們看見物質生命有其極限，每個人走畢人生旅程，息去地上勞苦，返回生命的主那裏。雖然當人離開世界的時候，總會有諸般的眷戀，盤算著在世的時候未能向親愛的人表達愛意、未能把握機會行善，或者曾經對人造成傷害，甚至犯罪作惡得罪上帝……。醫護人員往往有機會在接觸病人的時候，感覺到他們心中的重擔。

解說意義

《為醫護人員禱告》提醒醫療界的兄姊，你們在病房裏猶如主耶穌基督的臨在，成為病人的祝福。在一片資源增值的聲音中，削減醫療資源、提高服務效率的工作文化容易使人將注意力放在個案的數字上，甚至工作變得草草了事，完成最基本要求便交差。

《為醫護人員禱告》提醒我們要留心所服侍的是一個個有生命、尊嚴和價值的人。在這個墮落的世界，有很多悲慘的故事，有人一生被罪勞役，家人無辜受牽連。有人就是如此終老，對生命充滿埋怨，這正好見證世界的不完美，世人都陷在罪的枷鎖裏。死亡不是最後的解脱，因為死者若果找不到生命的主，就只有帶著遺憾離開世界、卻無法經驗神的祝福，而活著的人亦會帶著過往傷痛的故事活下去。若果他們無法改寫人生的故事，他們亦只有無奈地生存下去。在這些觸動心靈的時刻，亦是基督徒傳遞生命更新信息的最好時機，我們的臨在，是見證福音的力量可以化咒詛為祝福，耶穌基督在十字架上的犧牲成為世人生命改變的力量。

筆者無意將傳福音的擔子強加於醫護界兄姊身上，這是每一個基督徒的責任。只是醫護界基督徒每天有不少機會接觸心靈呼喊的人，若果醫治身體疾病就是醫護人員唯一的任務，恐怕病人去世就會成為醫護人員感覺無助的時刻。反過來説，若果醫護人員將眼光放在醫治病人的身體與心靈時，當病人帶著平安離世、家人在哀傷中懷有希望與對生命的熱誠，這將會令醫護人員感到自己的工作是何等神聖、何等有意義。筆者盼望《為醫護人員禱告》成為你們的幫助，亦希望眾兄姊記念醫護界弟兄姊妹的需要，願神使用大家成為祂的見證人。

默想問題

1. *你有當醫護人員的親友嗎？你在他們的工作上，曾否給予任何的支持？*
2. *早前香港爆發非典型肺炎，但在醫院工作的醫護人員仍能堅守崗位、治療及照顧染病市民，在當時你可有為這些醫護人員作過些甚麼事，為他們打氣及禱告呢？*

《時代論壇》簡介

創辦於一九八七年的《時代論壇》，是一份應時代需要而出版的週報，由一羣對香港教會有承擔的牧者及信徒所發起，主要目標是在這急速轉變的時代中，提供時事和社會分析，輔助信徒洞察時變，積極回應時代的需要，發揮基督徒先知的責任；同時希望能建立資訊網絡，迅速傳遞信息，並促進教會彼此聯繫、建立共識、互相支援。

《時代論壇》創刊時，其角色和使命都十分清晰，它從來就不是市場主導的產物。在無休止的紛爭、矛盾和負面的資訊世界中，《時代論壇》仍舊以單純的信念，理性的思辯，以耶穌基督的心為心，用心去報道及評論，並提供互動空間，彼此豐富和勸勉。

《時代論壇》由資深報人李錦洪先生任社長，逢星期日出版，印刷版及網上版(網址：http://christiantimes.org.hk)同步發行，讀者超過四萬人。

「在激變的日子，我們需要不移的信念。在惶惑的日子，我們需要屬靈的平安。在關鍵的日子，我們需要理性的思考。在平常的日子，我們需要心靈的空間。無論在甚麼日子，《時代論壇》網站都一以貫之，用心去報道和評論，提供讀者互動平台，豐富教會多元思考和信仰反思，讓華人教會彼此關聯，興旺天國事工。」(李錦洪，〈社長的話〉，載於《時代論壇》網站。)

訂閱及廣告查詢：

電話：(852)2785-7688　傳真：(852)2785-8335

電郵：info@christiantimes.org.hk

緊扣時代 服事教會

以文字傳揚基督真道

讀者意見表

衷心多謝你購買本社書籍。本社一直致力以出版事工服事教會，幫助信徒扎根於神的話語，促進靈命增長。為使我們的出版更能滿足你的需要，請填寫下列各項資料，並寄回或傳真予本社。

所購書籍：＿＿＿＿＿＿＿＿＿＿

本書最吸引你的地方：
☐作者　☐適切性　☐文筆　☐設計　☐實用性
☐其他：＿＿＿＿＿＿＿＿＿＿

購買本書地點：
☐基道書樓　☐基督教書店　☐非基督教書店

性別：☐男　☐女　職業：＿＿＿＿＿＿

信仰：☐基督徒　☐非基督徒

年齡：☐16歲或以下　☐17～25歲　☐26～35歲
☐36～55歲　☐56歲或以上

學歷：☐中三或以下　☐中五　☐預科
☐大學　☐研究院

☐我欲更多了解基道出版社的事工及考慮支持，請寄給我下列資料：
☐機構簡介　☐新書資料　☐基道會員通訊
☐《基道文字事工通訊》

姓名：＿＿＿＿＿＿＿＿電話：＿＿＿＿＿＿

地址：＿＿＿＿＿＿＿＿＿＿＿＿＿＿＿＿

＿＿＿＿＿＿＿＿＿＿＿＿＿＿＿＿

傳真：＿＿＿＿＿＿　電子郵件：＿＿＿＿＿＿

其他意見：＿＿＿＿＿＿＿＿＿＿＿＿

＿＿＿＿＿＿＿＿＿＿＿＿＿＿＿＿

多謝賜教！

意見表可以傳真（2687-0281）或直接郵寄以下地址：
香港沙田火炭坳背灣街26號富騰工業中心1011室
基道出版社編輯部收